一帶一路研究叢刊

李萍 主編

序

為《中國和泰國的故事》喝彩

泰中兩國是親密的近鄰，兩國人民的友好往來已經有上千年的歷史。自一九七五年泰中兩國建交以來，兩國關係始終保持健康發展。「中泰一家親」的理念已經植根於兩國人民心中。二〇一五年是泰中建交四十週年。四十年來，泰中兩國的傳統友誼和務實合作不斷深入發展，兩國政治互信更加深厚，互惠合作更加紮實，人文交流更加密切。目前，泰中兩國正面臨難得的發展機遇，中國的「一帶一路」倡議正推動泰中傳統友誼和務實合作跨入新的歷史發展階段。

感謝四川省泰國研究中心與五洲傳播出版社合作出版中、泰文版的《中國和泰國的故事》。該書把來自泰中雙方的各界人士聯繫起來，通過一個個生動的「我們和你們」的故事，介紹了兩國政府、商界、教育界和普通百姓間的友好交往，弘揚了泰中之間萬古長青的友誼。希望今後該書還能不斷更新內容，讓中國和泰國的故事更精彩！

Professor Emeritus Kasem Watanachai

（卡盛・瓦塔納差）

泰國國王陛下顧問、樞密院大臣

泰國清邁大學校董事會主席

序

四川省泰國研究中心與五洲傳播出版社合作編輯出版《中國和泰國的故事》，是一個創舉。它把研究者、作者和出版者有機地聯繫在一起，通過講述「我們和你們」的故事，來展示中國與周邊國家在漫長歷史進程中的傳統友誼，以及當代人民為增進傳統友誼而添磚加瓦的生動故事。

說起來，中國和泰國的故事源遠流長。早在二千多年前，中泰人民便開始了友好交往。《漢書・地理志》卷八十二載：西元一到五年間，漢朝使節從廣西合浦乘船，經越南、柬埔寨進入暹羅灣，在斜仔登陸，步行穿過克拉地峽，然後再乘船至印度。這就是歷史上有名的漢使行程，亦是中國人到達泰國地區的第一條記錄。

此後，中泰兩國人民的相互來往絡繹不絕，綿延不斷。

三國時期，西元二三一至二四五年之間，吳國官員朱應、康泰奉命出使中南半島，歸國後根據親身見聞寫了《扶南異物誌》和《吳時外國傳》，提到了當時存在於泰國中部地區的金鄰國，這是有關古代泰國城邦國家最早的文字記載。二書惜已失傳，但有一些片段散見於《太平御覽》等類書中，被視為極其珍貴的史料。

西元六世紀，泰南宋卡一帶出現了一個赤土國。六〇七年，隋煬帝派常駿、王君政出使赤土。他們從南海郡乘船出發，在海上航行一個多月後到達赤土國界，「其王遣婆羅門鳩摩羅以舶三十艘來迎，吹蠡擊鼓，以樂隋使，進金鏁以纜駿船」。到達王都後，赤土國王舉行盛大的宴會歡迎他們。「王前設有兩床，床上設草葉盤，方一丈五尺，上有黃、白、紫、赤四色之餅，牛、羊、魚、鱉、豬、玳瑁之肉百餘品，延駿升床，從者坐於地席，各以金鐘置酒，女樂迭奏，禮遣甚厚」。後來，國王還命王子那邪迦隨常駿回訪中國，於大業六年（610年）到達弘農（今河南靈寶），受到隋煬帝的接見和封賞。

西元六至十一世紀，泰國佛統存在一個墮羅缽底國，唐朝高僧玄奘在印度就聽說過這個國家。義淨的《南海寄歸內法傳》也有這個佛教國家的記載。墮羅缽底國與唐朝的交往始於貞觀年間（627-649），墮羅缽底使節送來金榼、金鎖、寶帶、犀、象、海物等禮物。中國回贈他們馬匹，因為這個國家馬很少，「一國之中馬不過千匹」。

西元一四〇五至一四三三年，三保太監鄭和七下西洋。根據可靠記載，鄭和船隊起碼有兩次到達暹羅，每次率領的人數都在二萬以上。也就是說，有四萬多人次訪問過暹羅。

根據《明實錄》的統計，在明朝存在的二百七十多年內，共遣使暹羅十九次，暹羅使節來華一百一十次。為了適應中泰之間日益頻繁的交往，明政府於永樂年間（1403-1424）設四夷館，其中的暹羅館用暹羅貢使做教員，正式教授泰語，培養泰語翻譯。這是中泰雙語教學之濫觴。

清朝康熙年間（1661-1722），康熙皇帝聽暹羅貢使說「其地米甚饒裕，價錢亦賤，二三錢銀即可買稻米一石」。為了解決東南沿海的糧荒，從康熙六十一年（1722年）起，清政府開放海禁，准許沿海居民到暹羅販米，形成近代第一次華人移民暹羅的高潮。大批華人移居泰國，與當地泰人通婚，落地生根，開發泰國，成為當今泰國社會數以百萬計華人的先民。

鴉片戰爭以後，中國淪為半封建半殖民地社會，泰國亦遭到英法殖民主義的威脅。特別是在二戰期間，中泰兩國人民浴血抗戰，打敗日本侵略者，結下了深厚的情誼。

一九四九年新中國成立後，由於意識形態方面的原因，中泰兩國政府間的交往一度停滯。一九七五年建立正常外交關係後，兩國交往突飛猛進地發展。

本書收錄的文章，正是反映了中泰建交以後兩國人民為增進傳統友誼而添磚加瓦的故事。作者中有兩國的外交官員、商界人士、教授學者、青年學生以及觀光客，他們以自己的親身經歷，以第一人稱的口吻，敘述中泰之間水乳交融的感情。這些故事是真實可信的，並非杜撰，涉及層面十分廣泛，包括普通民眾，也涉及泰國王室。特別是青年學生，他們代表未來和希望。目前，中國在泰國的留學生約有二萬，泰國來華留學的學生亦有一萬餘人。中泰雙語教學更是蓬勃發展，方興未艾。據不完全統計，目前泰國已有十三所孔子學院，與泰國毗鄰的雲南省就有三十二所學校開設泰語課程。中泰兩國既是遠親，又是近鄰，歷史上從未發生過戰爭，又無懸而未決的土地紛爭。這正是中泰兩國人民世世代代友好相處的堅實基礎。我們相信，在推進「一帶一路」的偉大戰略發展目標中，中泰完全可以鞏固和發展全面戰略合作夥伴關係，實現互利雙贏。

段立生

中山大學教授、雲南大學泰國研究中心首席專家

二〇一六年十一月九日

目錄

記憶篇

人物篇

文化篇

交流篇

記憶篇

歷史的回顧

柴澤民

（中國前駐泰國、美國大使）

作為中華人民共和國首任駐泰大使，我在泰國任職的時間並不長，只有兩年多一點。回憶這段時間，主要經歷了三個過程。

第一個過程，就是在臨行前，我國領導人對我的囑咐和囑託。領導人叮囑我說，你剛剛從國外回來，已經在對外友好協會工作了一段時間了。現在有個新的任務要交給你，中國和泰國建交了，你是搞友好工作的，剛好可以到泰國去工作。泰國是東南亞的一個大國，無論地理位置上、經濟上還是政治上的地位都很重要。因此，我們必須把泰國的工作搞好。但是這其中還是有很多困難，新中國建立至今已經二十餘年了，一直沒有與泰國建立外交關係，兩國相互間的了解恐怕還不夠，也可能還有一些誤解。所以，你去了一定要耐心地做好泰國王室的工作、政府的工作，要使大家更加了解中國。這樣，才有利於兩國關係的發展。

所以，我就是本著這樣的精神去泰國的。首先要做的，就是了解泰國的情況。對此，我們有個有利條件，那就是泰國為數眾多的華人。雖然他們大多講潮州話，但也懂得一些普通話。這就方便了我們雙方間的交流和溝通，對一些情況可以更快、更好地了解。同時，泰國政府也想要了解中國的情況，這就更加有利於相互間的配合。我們很快對泰國的情況有了一定的了解。這是第一個階段。

第二，當時泰國剛剛經歷了兩個總理，也發生了一些問題。這也使得兩國關係產生了一些摩擦和誤會。那個時候，我就處於一種很尷尬的位置，得不到泰國政府的支持，處境非常困難。但是在經過

一九七六年三月二十二日，中國首任駐泰國大使柴澤民向泰國國王普密蓬陛下遞交國書。

一段時間之後，泰國政府有了一些變化。

到了第三個階段，兩國關係有了一百八十度的大轉變，一下子順利地發展起來，直到現在。

下面，我想簡單地回顧一下自己的工作。儘管只有短短兩年左右的時間，但是在這段時間裡，我所經歷的事情很多。

中泰兩國建交以後，發展兩國關係成為我們主要的任務。這期間儘管有過一段困難時期，但是很快就過去了。在這之後，中泰兩國領導人互訪頻繁，兩國在政治、經濟、科技、文化、軍事等領域的友好合作和交流全面發展，而且效果很顯著。這是有目共睹的。但是，在兩國建交的時候，泰方最關心的是泰國共產黨所領導的一支武裝游擊隊的問題。這個問題是在我們建交的時候泰國最為關注的問題之一，同時也是爭論的焦點。不過，經過雙方相互協商、友好談判之後，這個問題也得到了基本解決，並最終達成了中泰建交協議。儘管如此，還是有一些人在這個問題上不夠理解。所以，我在泰國工作期間，多次遇到這個問題。一次，日本武官舉行招待會，會上，《曼谷郵報》——泰國唯一的一家外文報紙——的總編問我說：大使閣下，您願不願意見見最高統帥江薩先生？我回答說，我並不認識他。他說，我給你介紹。於是，他就過去把江薩最高統帥帶過來介紹給我。見面之後，江薩將軍第一句話就很嚴肅地質問我：你們中國為什麼要支持泰國共產黨的游擊隊？這個問題是過去我們在談判時就談過的問題，但既然他提出來了，我就答覆說：是的，我們中國共產黨跟泰國共產黨有友好的關係，因為我們都是共產黨。但是我們有個原則，我們不干涉任何國家的內政。在談判建交的時候我們也談到過這個問題，我們不干涉泰國的內政。因此，泰國共產黨的游擊隊是你們的內部問題，當然，我們不會支持游擊隊。你們提出這個問題，恐怕是因為你們還不很了解我們中國的政策。江薩將軍點點頭。隨後，他又提到了關於蘇聯的問題、越南問題、大印度支那的問題等一系列問題，我也一一給他作了解釋。我還打趣說，關於蘇聯和越南的問題，你們比我們更清楚，我還準備向你請教呢，結果你竟先向我提出來了。他笑笑。在這些問題上，我們談了半個多小時。

當時是我在泰國最困難的時期，一度連報紙也不採訪我了，報上見不到我的任何消息。但這個時候，大家都圍了過來，又是照相，又是記錄，對最高統帥的談話表現出很大的興趣。我們的談話結束後，江薩最高統帥還邀請我到他家做客。一個多星期之後，我應邀到江薩將軍家做客，在座的還有當時的泰國外交部長、國防部長和內務部長。江薩對我講：大使閣下，你把前兩天我們在招待會上談的那些問題向他們談一談，我到廚房去做飯，做好之後咱們再吃。他做飯的手藝很高超，所以他很願意露一手。我說：那好。於是我就把那天我們談的問題向三位部長作了介紹。從那之後，每隔十天半個月，我就要到江薩將軍家裡去做一次客，我們成為很好的朋友。不僅是他，連他的夫人、孩子，也對我們很友好。

這件事，使泰國軍方了解了中國政府對泰國游擊隊的態度，是我很重要的經歷。因為他們當時正在圍攻游擊隊，對這個問題是非常關心的。當我將這些問題向他們講清楚後，就首先解決了中泰軍隊間的一個大問題。隨後，我們還考慮到這個問題僅僅軍隊知道還是不夠的，泰國王室也應該了解，政府更應該了解。於是，我拜託一些朋友把我介紹到王宮裡面去拜訪，特別是有機會拜會了王太后陛下。這樣，我們逐漸和泰國王室建立起了良好的關係。還有王室的一些大臣，我們會邀請他們到使館去，或邀請他到中國來訪問，也因此建立了一些友好關係。除此之外，為了使泰國民眾更好地了解中國，我還找到了泰國奧林匹克委員會主席他威上將，他是負責體育工作的。我建議他邀請中國的足球隊、籃球隊來泰國訪問。他威上將和我關係很好，所以當我提出這個建議時，他很快同意，並馬上向中國國家體委發出了邀請。因為當時在泰國，羽毛球和乒乓球也是大家都喜愛的活動，所以我又找到江薩上將，請他邀請中國的乒乓球隊和羽毛球隊訪問泰國，因為江薩上將同時也是泰國乒乓球、羽毛球協會的主席。他很快就向中方發出了邀請。

在這之後，我又考慮如何更廣泛地開展工作。於是，我們又邀請了廣州青少年雜技團到泰國訪問。同時，我又到王宮拜會王太后陛下，準備為王宮和王太后安排一次雜技表演。王太后很高興，對我們到王宮來表演表示了歡迎。正式演出時，王室還邀請了泰國的一些知名人士、華人領袖和王宮的大臣們到王宮裡一同觀賞。此外，王太后陛下還舉行了一場招待會。這次活動轟動了泰國，我們也因此更好地打開了局面。

當時在泰國華人中有一種誤傳，說中國駐泰大使因為害怕逃跑了。大家很不安定，經常打電話到使館來詢問，非常關心中泰關係的發展。為了使普通民眾消除這個誤解，我當時經常坐著使館的汽車，車頭插上中國的國旗，每天在大街上來回行駛。同時，我還經常到華人集中的街區，到每一個店鋪去慰問他們。這樣，大家漸漸地都了解到了真實的情況，情緒也就慢慢安定下來。

早期，我們是不能到泰國政府機關去的。後來，江薩最高統帥擔任了泰國總理，他首先邀請我們到政府去。這樣一來，各部部長也紛紛開始邀請我們，對我們的來訪表示歡迎。這個改變在當時對中泰關係的發展影響很大。特別是在一九七八年三月，我們邀請江薩總理訪華，隨行的還有十餘名主要的內閣成員。這是克立・巴莫總理簽署建交公報之後，泰國的第四任總理首次訪問中國，在中泰關係史上也是有很大影響的事件。

緊接著，一九七八年十一月，鄧小平副總理訪問泰國。這一來一往，就將中泰關係過去的烏雲一

一九九八年五月二十二日，時任中國國家副主席胡錦濤在北京舉行儀式，歡迎泰國王儲哇集拉隆功訪華。（供圖：中新社）

掃而光，使兩國關係取得了很有意義的轉變，為今後關係的發展奠定了良好的基礎。所以，從我講過的這幾個階段，一直到現在，兩國關係都是很好地發展下來。在我到美國任職之後，炳・廷素拉暖總理和江薩總理先後訪問美國，都到使館來看過我，我也分別拜會了他們。

中泰之間的關係能夠發展到這樣的程度，不是輕而易舉的，而是經過了極大的努力才最終實現的。儘管政府和廣大人民都希望兩國發展友好的關係，但是種種的誤解和其他原因造成了一些隔閡。現在，這些問題已經得到了完全解決，兩國的關係越來越好。我相信，在我們共同努力下，兩國關係會更進一步，走上一個新的台階。

中泰乒乓外交紀實

程瑞聲

（中國前駐緬甸、印度大使）

乒乓球在球類中是最小的，然而在上世紀七〇年代的國際風雲變幻中，乒乓球卻成了能推動國家關係的「神球」。周總理曾有一句名言：小球轉動了大球（地球）。

和中美「乒乓外交」一樣，中泰兩國之間的乒乓外交也打開了中泰友好往來的大門，推動兩國實現了建交。

我榮幸地擔任了一九七三年到泰國訪問的中國乒乓球代表團的副團長。這是新中國成立後訪問泰國的第一個中國代表團，在泰國引起了極大的轟動。我也成為中泰乒乓外交的「主角」之一。

至今，我還珍藏著當時泰國中英文報刊和中國報刊所登載的中國乒乓球代表團訪泰和我個人在泰國活動的報導剪報，有厚厚的一大沓。難怪當時有的同志稱我為「程旋風」。

泰國乒乓團的特殊顧問

中國派乒乓球代表團訪泰，是在泰國派乒乓球代表團參加一九七二年在北京舉行的亞洲乒乓球邀請賽之後，是中方為進一步打開中泰關係大門採取的重大步驟。

一九七二年九月初，在北京舉行了亞乒賽。泰國派乒乓球代表團參加了這一邀請賽。該團的顧問巴實・干乍那越是位特殊人物，受泰國領導人的委託來向中方試探改善泰中關係的可能，可以說是特使了。

陪同巴實訪問的常懷、常媛是兄妹，也是兩位具有獨特經歷的人物。他們是上世紀五〇年代受泰國總理披汶・頌堪委託同中國祕密接觸的友好人士訕・帕他努泰的兒子和女兒。訕・帕他努泰推行

程瑞聲（左3）陪同泰國乒乓球代表團顧問巴實在南京參觀中山陵。左4為常懷，左5為常媛。

「人質外交」，常懷、常媛被他們送到中國來學習，有過曲折而不平凡的經歷。幾年前中國拍攝過一部電視劇《龍珠》，演的就是有關他們的故事。

巴實是泰籍華人，中文名許敦茂，當時已六十多歲，職務為泰國全國行政委員會財政、經濟、工業署副主任，對我國友好，為人老練，談吐穩健。常懷、常媛當時只有三十多歲，風華正茂。特別是常媛，容貌俏麗並十分活躍，擔任翻譯。

當時，我在外交部亞洲司擔任東南亞處副處長，以友協理事名義全程陪同他們。一九七二年九月一日晚八點，亞乒聯在人民大會堂舉行盛大招待會，歡迎各國乒乓球代表團，共一百桌，我陪同巴實一行參加。這時，出現了禮賓上的一個難題——巴實不是團長，不能安排上主賓席，但如安排在泰國乒乓球代表團的桌上，桌次又太靠後。根據我們的意見，主辦方為巴實、常懷、常媛單獨安排了一桌（第52桌），由亞洲司司長陸維釗來陪，我們接待組也參加。

九月一日和三日，廖承志會見了巴實，雙方交換了意見。三日晚，廖承志在國際俱樂部為巴實一行舉行了宴會。

九月五日晚十一點，周總理在人民大會堂會見巴實一行。我先期到達，向周總理匯報了有關情況。會見由常媛擔任翻譯。巴實表示，泰國與台灣的關係時間長久，泰國華人支持台灣的較多，而且中國支持泰共武裝鬥爭，使泰國人不滿，在此情況下與中國建交會造成泰國社會不安。泰方希望雙方先開展貿易、文化、體育交往，增進相互了解和友誼。

周總理表示，各國人民的革命鬥爭是各國的內政，中國不輸出革命；中國希望與不同社會制度的國家和平共處，不干涉別國內政。與中國建交的唯一條件是：承認中華人民共和國政府，同台灣斷交。現在泰國尚不能與中國建交，我們表示理解。中方希望泰國不要參與美國侵略印度支那的戰爭，擺脫此事對泰國是有利的。最後，周總理托巴實向泰國國王和總理轉達問候。會見到深夜十二點二十分結束。

不打乒乓的副團長

巴實的中國之行揭開了中泰乒乓外交的序幕。一九七三年五月，中國決定派乒乓球代表團於六月訪問馬來西亞。泰國乒乓球協會聞訊後，邀請代表團順道訪問泰國，中方同意。由於中國派貿易代表團訪問過馬來西亞，中馬已接近建交，而乒乓球代表團是新中國成立後訪泰的第一個代表團,因此對泰國的訪問更加突出。

外交部本來並沒有計畫要派人參加代表團，但在國家體委確定由全國體總負責人、中國乒協副主席莊則棟為代表團團長後，他給外交部副部長喬冠華打電話，希望外交部能派一位熟悉東南亞情況的同志參加代表團。部領導決定派我參加，用對外友協理事的名義，擔任代表團副團長。

代表團總共十八人，除莊則棟和我外，另一位副團長由體總雲南省份會負責人關泰擔任。運動員分別來自國家隊和雲南隊，著名的運動員有周蘭蓀、鄭敏之等。

周恩來總理對代表團非常關心，親自過問代表團成員名單。六月七日，代表團出訪的當天清晨，周總理又通過外交部值班同志傳來了指示，要我轉告全團同志，在國外如遇到難解決的問題，可以打電話到北京。周總理的親切關懷使全團同志深受鼓舞。

我們代表團在六月九日至十六日訪問馬來西亞後，於六月十七日中午抵達曼谷機場。

中泰外交部官員喜相逢（上）

六月是泰國的雨季。我們到達曼谷時，陣雨剛過，但機場上有數千群眾不顧被大雨淋濕，熱情地歡迎我們。泰國乒總副主席阿努上校等前來迎接。我們從機場乘車到了下榻的茵他拉飯店，門口也有上千群眾聚集歡迎我們。泰國乒總主席登・宏社提上將在飯店迎接，並給我們戴上了用鮮花綴成的花環。他風趣地說：「雨在泰國表示吉祥，預兆豐收。我相信，代表團的訪問一定會獲得成功。」他隨即為我們舉行了便宴。次日，

泰國乒總副主席阿努上校（左1）歡迎中國乒乓球代表團到訪。左2為程瑞聲，左3為代表團副團長關泰。

泰國各報都在頭版顯著位置報導了代表團抵達泰國的消息。

從代表團抵達泰國開始，中泰「乒乓外交」就成為轟動一時的新聞。雖然我參加代表團是以友協理事的名義，但無巧不成書，泰方事先就知道我是中國外交部官員。原來那年四月，我曾作為中國代表團團員出席了在東京召開的亞洲和遠東經濟委員會會議（亞太經社會的前身）。在會場外，我同泰國代表團成員、外交部政治司東亞處處長德・汶納等進行過友好的交談。這樣，東京的「走廊外交」就成了曼谷「乒乓外交」的前奏。

泰國外交部得知我參加代表團訪泰的消息後，在同我接觸方面表現得十分積極主動。德・汶納特地到機場迎接代表團，同我相見甚歡。泰國乒總主席在飯店舉行便宴時，德・汶納和泰國外長秘書阿沙・殺拉信、政治司副司長素提・巴訕威尼猜也來出席。這顯然是泰方的友好表示。

就在這次宴會上，為代表團訪泰擔任中間人的泰國乒總財務葉祥龍向我提出，泰國副外長差猜（原譯「差提猜」）想見我，不知我是否同意。我表示，我此行主要是協助代表團工作，願意同差猜副外長進行非正式接觸，但我前往泰國外交部有所不便，希望能在外交部以外的地點會見。

六月十八日，中國乒乓球代表團去參觀著名的北欖鱷魚湖，敏感的記者發現我不在場，猜測紛紜。原來，當天上午德・汶納到飯店來找我，表示泰國外交部有關官員願同我談談。我表示可以非正式接觸。德・汶納隨即約阿沙・沙拉信和素提來飯店，在泰方預訂好的一間房間內共進午餐。這是一次友好的「工作午餐」，也是中泰兩國外交部官員的第一次非正式會晤。

這次午餐從中午十二點一直持續到下午三點，雙方無拘束地就中泰關係和東南亞形勢等問題交換了意見。泰方表示，泰中人民有著傳統的友誼，泰國願意同中國進一步改善關係。我談到，過去中泰

中國乒乓球代表團團長莊則棟（右2）、副團長程瑞聲（左3）和泰國衛生部長巴碩（右3）等在宴會上。

泰國副外長差猜（左）、衛生部長巴碩（右）與程瑞聲在宴會上。

關係長期中斷，同當時的國際和亞洲形勢有關，現在形勢已有了很大的變化，希望中泰雙方抓住當前有利的時機，開展往來，逐步改善關係。我還闡明，中國根據和平共處五項原則，主張各國的事務由各國人民自己處理，不干涉其他國家的內政。在談到東南亞形勢時，我表示中泰雙方存在一些分歧，但雙方可以求同存異，不讓這些分歧影響兩國關係的改善。這次談話一直在誠摯友好的氣氛中進行。

當天晚上，泰國農業合作部部長、奧林匹克委員會副主席他威・尊拉塞上將為我們代表團舉行了正式歡迎宴會。據泰方說，這一宴會本來決定由泰國奧委會主席、副總理巴博・乍魯沙天親自主持，但因巴博當晚要參加慶祝他晉陞元帥的宴會，所以改由他威副主席主持，差猜副外長也來參加。這是我第一次見到差猜這位軍人出身的外交家。他既有軍人的熱情豪爽，又有外交家的機智風趣，待人誠懇，我們談得很融洽。我估計，葉祥龍已將我願意同他進行非正式接觸的談話轉告了，他才來亮相的。除差猜外，出席宴會的還有泰國教育部副部長汶森、登・宏社提上將及中華總商會主席黃作明等。宴會上，除由一些美麗的姑娘演出泰國民間歌舞外，最後賓主又共跳泰國的「喃旺舞」。他威還贈送了代表團一隻船的模型。

中泰外交部官員喜相逢（下）

六月十九日上午，泰國副總理、奧委會主席巴博・乍魯沙天在其官邸會見了代表團。除登・宏社提外，泰國外交部官員素提、德・汶納也來參加。巴博和全團照相後，大家站著交談了約半小時。巴博表示熱烈歡迎中國乒乓球代表團訪問泰國，希望泰中兩國有機會進行其他種類的體育交流，並托代表團轉達對周總理的問候。莊則棟也轉達了周恩來總理對他的問候。巴博還說，他現在年事已高，也沒有時間運動。莊則棟建議他每天早晨打太極拳。這次會見時間不長，但氣氛友好。最後，巴博將一個大的木製雕像贈給了代表團，一個小的贈給了莊則棟。

六月二十一日晚，差猜副外長在他的私邸宴請了我，泰方阿沙、素提、德・汶納也來參加。我們先參觀了差猜的住宅，然後共進晚餐。那天吃的是中國飯，邊吃邊談，氣氛友好。晚餐後，差猜的夫人也出來坐了一會兒。我同差猜除就中泰關係交換了意見外，還表示歡迎他有機會到中國訪問。宴會快結束時，外面已有記者等候。差猜提出泰方將發表一篇短消息，我表示沒有意見。

六月二十二日，泰國報紙刊載了泰國外交部新聞司就差猜同我會見發布的新聞公報。公報表示，差猜和程瑞聲「曾就有關各項問題交換意見，有利於未來加強泰國與中華人民共和國之友好關係」，「雙方之非正式會談，進展非常順利，並獲得重大成果，氣氛融洽」。同日，曼谷《星暹日報》報導稱，差猜向記者表示：會談非常成功，感到非常滿意，強調雙方是在親切誠懇的氣氛中談話的。

中泰兩國乒乓球運動員在曼谷舉行的兩場友誼比賽，使訪問達到了高潮。曼谷的吉滴卡宗體育館雖然有一萬個座位，但由於前來觀看比賽的人太多，不得不在比賽場地周圍增設大量座位。每場比賽的觀眾達到了一萬五千多人。觀眾中有一些白髮蒼蒼的老人，並非球迷，他們是特地來看看中國朋友的風采。每次比賽結束後，許多觀眾還不願離開，等候在出口處，熱情地同我們打招呼。離開曼谷的前一天晚上，泰國運動員主動到我們運動員的房間聚會，暢談到深夜。據泰國報紙報導，由於中國代表團的訪問，泰國民眾對乒乓球這項運動也產生了很大的興趣，體育用品商店的乒乓球拍和乒乓球成了暢銷的熱門貨。

在曼谷，我們參觀了王宮。迎接我們的是德・汶納的父親，他負責王宮的管理工作。王宮十分華麗宏偉，現仍用於各國使節呈遞國書、泰國政府舉行國宴等。我們還到曼谷附近的大城故都遊覽。此外，我們還遊覽了挽蒲古城、玫瑰公園等。

泰方對我們的接待十分熱情友好，但從某些安排看，對我們還是有些疑慮的。我們全團被安排在茵他拉飯店的第六層，除我們外，該層沒有任何其他客人。我們房間的電話也被切斷，打電話只能到大廳服務台去。多年後，我同泰國朋友談及這些情況，大家都哈哈大笑。

泰方還給代表團出了一道難題——希望我們在離開泰國前舉行一次記者招待會。我同其他團領導經研究，認為拒絕會見記者對中國的形象不利，但見了又會遇到中泰雙方存在分歧的泰共、印支戰爭等問題，搞不好會影響中泰的友好氣氛。我們終於想出了一個辦法：同意舉行記者招待會，但由於我們是體育代表團，只解答體育方面的問題，並要求預先把問題交來。遵照周總理臨行前的指示，我們當即將我們的意見通過國際長途電話請示國內，並獲得了批准。我們據此答覆了泰方。

六月二十四日，在離開泰國的當天上午，我們在飯店樓下舉行了記者招待會。泰方除登上將外，外交部的素提、德・汶納也來參加。會上，由一位女記者宣讀提出的問題，均屬於體育方面，團長莊則棟解答，進行得很順利，約一小時結束。

代表團臨行前，泰國乒總於六月二十二日晚在我們所住的飯店舉行歡送宴會，由衛生部長巴碩出面主持，曾於一九七二年訪華的巴實也來參加。他提前來到宴會廳，我先去同他交談了一會兒，談到了中泰貿易等問題。宴會上演出了歌舞，最後賓主一起跳「喃旺舞」。

六月二十三日晚，我團在所住飯店舉行告別宴會。泰方出席的有巴碩、差猜、登上將等。在宴會上，泰方人員演唱了中泰友誼歌，我團乒乓球運動員也演唱了《小小銀球傳友誼》等，最後賓主共跳「喃旺舞」。宴會的氣氛熱烈友好。

六月二十四日下午三點，我們離開飯店時，飯店門口又聚集了數千群眾歡送我們。在機場，登上將等又向我們獻了花環。

周總理病中籤署建交公報

中國乒乓球代表團訪問泰國，為中泰兩國進一步改善關係開闢了道路。同年十二月，差猜副外長率領泰國貿易代表團訪華。在二十二日貿促會主任王耀庭舉行的宴會上，差猜情緒很高，接連喝了十七杯茅台酒，並熱情地提議為毛主席的健康乾杯。二十四日，韓念龍副外長同差猜進行了會談。

一九七三年十二月二十六日，周恩來總理、李先念副總理（前排左4）會見泰國副外長差猜（前排左5）一行。前排右1為程瑞聲，第二排左5為德・汶納。

差猜訪華期間，我們需要處理的最大問題是：泰方要求我們以「友誼價格」向泰國出口一批柴油。所謂「友誼價格」，就是低於國際市場的價格。這對中國外貿部門確實是一個難題。但是經請示毛主席批准，中方同意了泰方的要求。毛主席還把我們的請示報告中由李先念副總理會見差猜，改為由周總理會見。

二十六日，周總理、李先念副總理一起在人民大會堂會見了差猜一行。

周總理的會見和中國同意以「友誼價格」向泰方出售一批柴油，使差猜首次訪華獲得了重大成果，有力地推動了中泰關係的進一步發展。此後，中泰來往不斷增加，兩國的建交談判也比較順利。

一九七五年六月三十日至七月六日，泰國總理克立・巴莫對中國進行了正式友好訪問。毛主席、周總理分別會見了他。鄧小平副總理與克立・巴莫舉行了會談。

一九七五年七月一日，中國國務院總理周恩來和泰國總理克立·巴莫分別代表本國政府在北京醫院簽署兩國建交公報。鄧小平副總理（右5）參加儀式。第二排右4為程瑞聲。

差猜這時已擔任外交部長，也陪同克立·巴莫訪華。他以他夫人的名義送給喬冠華外長和我各一大盆蘭花。那隻置放蘭花的白色大塑料盒上印有燙金的泰文和中文「泰國蘭花」及中文的「中泰人民友誼之花」等字，至今仍是我珍貴的紀念品。

一九七五年七月一日，是我永遠難忘的一天。那天晚上七時，周總理在醫院和克立·巴莫總理簽署了中泰建交聯合公報。周總理簽字時，雙手不斷地顫抖，公報文本上「周恩來」三個字不是一筆一筆寫成的，而是一點點地點成的。這是周總理為人民鞠躬盡瘁的崇高精神的光輝寫照。外賓離開後，周總理在參加儀式的人員中看到了我，十分高興地向我揮手打招呼，並且說：「程瑞聲倒辦成了幾件事。」周總理語重心長，這是對我的勉勵，使我非常激動。可是當時萬萬沒有想到，這竟是我最後一次見到敬愛的周總理。

周總理的光輝形象，如巍峨的高山，如參天的勁松，永遠屹立在我們的心中。

泰中建交風雲小記

凌　朔
（新華社記者）

四十一年前的一九七五年七月一日，泰王國和中華人民共和國正式建立外交關係。四十一年來，兩國關係平穩發展，經貿合作日益緊密，民間交流頻繁活躍。但對於泰國這樣一個曾經反共並與台灣當局關係緊密的國家而言，在那個年代，轉移意識形態的壓力、走到簽署建交公報的台前並不是件易事。複雜環境下，風雲變幻間，那些曾經為推動兩國建交付出過努力的大人物、小人物的許多故事，已被湮沒在塵封的記憶中。通過本小記，讓我們回望一二吧。

基辛格的一頓早餐

一九七一年七月的一個早晨，美國駐泰國大使倫納德・昂格爾在曼谷邀請了一批泰國外交官和學者參加一個工作早餐會。席間，這批泰國人見到了美國總統尼克松的國家安全事務助理亨利・基辛格。

那是基辛格離開中國後的第一頓早餐。七月九日至十一日，基辛格完成對中國的第一次訪問，返回時轉道泰國。基辛格在這次祕密訪問中國期間受到周恩來總理的接見，並就尼克松訪華的具體日程進行了商議。但早餐會上的泰國人並不知道基辛格秘訪中國一事。

基辛格轉道泰國，並不是為了與泰方商議有關美中高層會晤的事情。他給那場早餐會確定的討論主題是「如何結束越南戰爭」。席間，泰國社會活動家素叻・西瓦拉薩回答基辛格：「結束越南戰爭的關鍵，是中國。」

基辛格愣住了，一言不發。

會上，一個年輕的外交官——德・汶納記錄下這一切。四年後，德・汶納成為泰國駐華大使，後來又官升外交部次長、外交部長。

基辛格並沒有在泰中建交過程中施加任何影響。但是，正是那次早餐會，讓泰國得知尼克松政府正在與中國接觸、美中建交出現曙光，這讓二戰後與美國交往甚密的泰國感覺到了國際形勢、地區形勢即將發生巨變，特別是，這讓泰國政壇中支持泰中建交的一批人在與反共、反華勢力的鬥爭中有了更多底氣。

高壓下的祕密接觸

其實，泰國政府內部以及民間人士與新中國的接觸自五〇年代後期就祕密展開。只是，由於當時泰國政府對泰國共產黨採取高壓手段，泰國內部的政治鬥爭和周邊局勢對泰國接觸新中國構成巨大阻礙。

一位經歷過那個年代的泰國專家說，共產主義思想自五〇年代開始在泰國學生運動中流行，到了六〇年代和七〇年代初，在一些泰國大學裡甚至盛行起讀毛主席語錄的潮流。但是，這一切為泰國獨裁政府所不容。

當時，共產黨人活躍在印度支那諸國。泰國獨裁政府為了阻止印度支那的共產黨人在泰國內部活動，把美國引入泰國，不僅給了美國諸多特權，而且批准美國在泰國設立軍事基地。越南戰爭中，美軍轟炸機主要以泰國空軍機場為基地。

在國內，泰國獨裁政府明確反共路線，打壓泰共的一切活動，一些與「共」字沾邊的人被送進了監獄，還有一些人被扣上泰共的帽子受到牽連。甚至，獨裁政府中的強硬派還禁止華人華裔學習中文，迫使與中國沾親帶故的泰國人切斷與中國親友的一切往來。

即便是在這樣的高壓管制下，泰國政界、新聞界、文化界還是有一些人嚮往了解中國，祕密接觸中國。在紀念泰中建交四十週年前夕，德·汶納在接受媒體採訪時回憶，早在五〇年代後期，就有一些資深政治家堅信，泰國政府應當改變對中國的政策，應該尋求與新中國正式建交。

這其中，有許許多多的故事，西巫拉帕算是一個。

畫中情思與北京奇緣

西巫拉帕是泰國最負盛名的現代作家、翻譯家、新聞工作者，是泰國新文學的奠基人，其悲劇愛情小說《一幅畫的背後》曾被拍攝成電影《畫中情思》享譽影壇，這一作品也常被人與張愛玲的《傾城之戀》相提並論。

但同時，西巫拉帕也是泰國知名的進步活動家，曾因反日和呼籲新聞自由兩次入獄。在他的作品中，常見蘇聯、切・格瓦拉的影子。上世紀五〇年代，他曾表達過對中國文化的一些見解和渴望。一九五八年，他帶領一批文學界和文化界人士訪問中國，這在軍政府統治時期算是冒險之舉。

但就在訪問期間，泰國發生政變，以沙立・他那叻元帥為首的政變集團推翻了他儂・吉滴卡宗上將領導的軍政府，西巫拉帕率領的整個文化代表團成員幾乎都被扣上了「親共」的帽子，隨後被缺席審判。代表團中一些人返回泰國後受到迫害，西巫拉帕則留在了中國，直至一九七四年去世，葬在八寶山。

西巫拉帕流亡中國期間，受到中國方面的禮遇和優待。一九六二年國慶，在天安門城樓上，西巫拉帕受到毛澤東主席的接見。毛主席說：「我聽大家說你是泰國的魯迅。」一九七四年，在西巫拉帕的葬禮上，周恩來總理還敬獻了花圈。

萬隆會後的祕密通道

除了民間接觸，在尚未建交的那個年代，泰國政界也有不少人為推動泰中建交付出了努力，有人甚至把自己的親骨肉送到中國以示誠意。這在當時的泰國是巨大的政治冒險。這個人叫訕・帕他努泰。

訕・帕他努泰是泰國知名報人，曾在多家主流政治報社擔任主筆、主編。在一九四八到一九五七年的披汶頌堪政府中，訕・帕他努泰擔任總理顧問。他原是泰國核心的反共人士，曾幫政府出謀劃策採取反共舉措。一九五四年，訕・帕他努泰在日內瓦參加一個國際會議期間，偶然看見了當地報紙上的周恩來照片。他發現周總理的儒雅風度完全不同於美國宣傳的殘暴形象，因而萌生了接觸中國、了解中國的想法。

次年，萬隆會議召開，泰國不是成員。但訕・帕他努泰諫言披汶頌堪總理，泰國應派代表參加，從側面打探中國的情況。披汶頌堪隨後派外長萬・瓦塔那功親王前往印尼旁聽。會議期間，周總理聽聞泰國有人來，立即安排晚宴，邀請萬・瓦塔那功，講述中國外交政策和和平共處五項原則。這一席話，讓親王對周恩來充滿敬佩，對新中國充滿好奇。

萬・瓦塔那功返回泰國後即請見總理披汶頌堪，轉達了周總理的表態。很快，披汶頌堪和萬・

一九五五年四月，在印度尼西亞萬隆召開的亞非國家會議期間，中國國務院總理周恩來會晤泰國外交部長那拉底（萬・瓦塔那功）親王。

瓦塔那功一致同意啟動特殊渠道，祕密接觸中國，建立互信關係。聯絡中方的大小事宜則由訕・帕他努泰一人負責。

小說裡的真實歷史

訕・帕他努泰起初嘗試經由緬甸與中國接觸，但受到美國的強力阻撓。當時的泰國與美國走得很近，美國在泰國接觸中國一事上持反對態度。在多種政治溝通渠道均被堵死的情況下，訕・帕他努泰想到了類似「和親」的一招：派自己的兒女前往中國。

曾有人認為，訕・帕他努泰把兒女送到中國實際上是「以人質換信任」，但這種說法並不準確。有泰國歷史學家考證，起初周總理並不同意泰國以這種方式與中國交往，但在訕・帕他努泰的堅持下，周總理同意以學習的名義接收、照顧兩個孩子。

最終，在周總理的批准下，一九五六年，訕・帕他努泰派人把自己十一歲的兒子和七歲的女兒經由緬甸祕密送到了北京。周總理把他們安排在了京城裡的一個四合院住下，並委託廖承志負責他們的飲食起居和學習生活。何香凝女士還為這對兄妹取了中文名：常懷和常媛。

兩個小孩子的童年時代，就這樣，在一段特殊的政治背景中，從曼谷遷居到了北京。在旅居中國的日子裡，他們親切地管廖承志叫「廖爸爸」，管

一九七二年九月五日，周恩來總理會見泰國乒乓球代表團顧問巴實（左3）。右3為常懷，右4為常媛。

周總理叫「周伯伯」。直至「文化大革命」，常懷被紅衛兵遣返回泰國，而常媛則在周總理的祕密安排下前往英國使館躲避，後來去了歐洲。

常媛在歐洲寫了《龍珠》一書，記錄了她和兄長在北京的生活以及那個時代圍繞在泰國和中國上空的政治風雲。她還給自己的兩個孩子分別取名為常念周和常念廖，以紀念兩位曾經照顧過她和兄長的中國長輩。雖然泰國有學者認為《龍珠》系小說或報告文學，而非回憶錄，但書中脈絡、人物關係、資料照片等大致反映了那段歷史的真實性。

關島主義後的快速邦交

訕・帕他努泰把一對兒女送到中國時，原想在短期內促成泰中建交，但沒有想到的是，披汶頌堪政府很快被政變推翻，而他本人也因「親華」被送入監獄，一蹲就是七年。在獄中，他時常收到中方通過特殊渠道給他通報的兒女平安的消息，這成了他苦悶時光的最大慰藉。

訕・帕他努泰的努力沒有在短期內見效，很大程度上是因為他低估了地區局勢和國際局勢對泰中關係的影響力。這種外圍影響力一直持續到一九六九年七月尼克松宣布「關島主義」，即美國的亞洲新政策。從關島主義中，泰國嗅察到，美國要從越南撤退了。美國一撤，意味著泰國將失去一個重要靠山，而在中南半島上四起的共產主義運動，將成為泰國獨裁政府最大的敵人。因此，泰國高層認為，有必要與中國建立官方聯繫，尋求建交。

一九七〇年至一九七一年，泰國頻繁通過南斯拉夫、瑞典、法國等第三方接觸中國。一九七一年一月十三日，時任泰國外長塔納・哥曼經由美國哥倫比亞廣播公司發表講話，稱泰國希望和中國建立密切關係。這是泰國官方第一次公開表達建交慾望。

首任駐華大使德・汶納回憶，在一九七五年建交前，泰國外交部大概花費了三年時間說服泰國安全部門同意與中國建交。當時，軍隊和安全部門最大的擔憂是，建交會讓泰共在泰國境內更加活躍。同時，泰國外交部高級官員至少二十三次前往中國，與中國有關部門商談建交的細節以及建交後的相互外交政策。

一九七五年三月，泰國成立了以政治家、文學家克立・巴莫為總理的民選文官政府，中泰關係正常化進程開始大踏步前進。在歷經中泰雙方許多人士多年努力之後，一九七五年七月一日，周恩來總理和克立・巴莫總理在北京正式簽署中泰建交聯合公報，開創了兩國邦交的新紀元。

在兩國建交四十週年之際，德・汶納感慨良深。在一番積極評價之後，這位老牌外交家經由泰國媒體告誡泰國領導人：在七〇年代和八〇年代，中國非常需要泰國，但今天，泰國領導人需要好好反省，泰國是否還在中國的視線中。

他山之石，可以攻玉

——對中國借鑑泰國經濟發展經驗的親身體驗

侯若石

（中國現代國際關係研究院研究員）

本文所描述的與其說是關於「我們和你們」的故事，不如說是我從中泰關係正常化早期就開始關注兩國經濟發展的心路歷程。這裡講述的事情，有些未免微不足道，有些事情似乎難以理解，還有些顯得幼稚可笑。然而，這就是歷史，無法改變的歷史。

五年前，即二〇一〇年，一位泰國朋友參觀上海世界博覽會之後對我說：看了多個國家的展館，最令人震撼的是中國館展出的《清明上河圖》。它充分體現了東方文化與現代文明的完美結合，說明中國已經進入現代化社會，不愧為世界經濟大國。四十一年前，即一九七五年，中泰建交之年，我第一次接觸泰國經濟，是泰國生產的尼龍襪，穿著舒適且非常結實。於是，我產生了對泰國經濟的第一個疑問：為什麼他們能生產如此高質量的產品？三十一年前，即一九八五年，我到泰國進修泰語。一到泰國，面對眼前的熱鬧景象，我目不暇接，真的就像劉姥姥進了大觀園。一下飛機，我就驚呆了。

一九八五年，侯若石（左）在泰國商會大學交流。

碩大的曼谷廊曼機場有幾十個登機口——當時的北京首都機場只有十多個登機口。一上公路，我又驚呆了。汽車之多，讓我知道了什麼是車水馬龍。在當時的北京，路口的紅燈亮起，至多有幾輛汽車等待，北京人不知道什麼叫堵車。第二天，我去購買日用品。一進商場，我再次驚呆了。琳瑯滿目的商品讓我看得眼花繚亂。當時，中國剛剛開始改革開放，仍處於計畫經濟時代。作為經濟學者，我開始思考：泰國經濟為什麼這麼繁榮？中國經濟應該向何處去？

四十年，在人類歷史長河中只是短暫的一瞬間，但對於國家經濟發展過程來說，算得上是比較長的時期了。四十年的滄桑，回答我思考的問題是足夠了。

感受泰國經濟繁榮

第一次在泰國購物，看見商場裡的商品十分豐富，我大為不解。就在這個時候，商場的擴音器裡突然說道：「現在是黃金時間。」只見距售貨櫃檯稍遠的人紛紛奔了過去。陪我逛商場的黃先生告訴我，在「黃金時間」，商品打折出售，只有短短幾分鐘，過了這個村兒就沒這個店兒。我馬上選了一雙意大利皮鞋，價格只相當於原價的十分之一。我剛付完款，擴音器裡宣布黃金時間結束。我問黃先生，為什麼黃金時間這麼短，而且也不事先通知一下？他說，這是商場的促銷手段，商品價格最低可達到一折。何時為黃金時間，並不固定。顧客有碰運氣的心理，於是常來商店逛逛，希望能趕上黃金時間。顧客多了，商店的人氣旺，銷售量就會增加。當時的中國，大部分商品供不應求，商店不必擔心商品賣不出去，「皇帝女兒不愁嫁」，促銷是多餘的。兩相對比，我初步感受到泰國經濟的繁榮，但心裡不免生疑：這繁榮從何而來？

侯若石在泰國商會大學交流。

一九八五年，侯若石（右 2）參加泰國朋友的大學畢業典禮。

從商場出來，我去了黃先生開的汽車修理廠。廠子不大，但等待修理的汽車不少。看到各種各樣的西方品牌汽車，我問他，這都是泰國製造的嗎？他說，我們使用的汽車，有的是用進口的零部件組裝的，有的是整車進口的。聯想到在商場所見，許多日用品也都是西方國家品牌，我困惑了。當時，中國市場幾乎看不見國外商品，當然，也沒有泰國產品。一個老同學送我的泰國生產的尼龍襪，已經是希罕之物了。與中國相比，難道泰國有花不完的外匯進口國外產品嗎？

我的另一位泰國朋友鄒先生是做汽車零配件生意的。我們第一次見面是在中國，當時，我還沒去過泰國。他向我介紹，自己的企業專門生產汽車的塑膠零部件。我聽了他的介紹，只覺得雲裡霧裡，不明白咋回事。到泰國實地參觀他的工廠之後，我對泰國經濟繁榮從何而來的疑問有了答案。他生產的產品可謂種類齊全，包括多個世界名牌汽車上使用的幾乎所有塑膠零部件。與他合作的一家丹麥企業提供資金、技術和設備，塑膠材料是從韓國和日本進口的，工人都是工廠周邊農村的村民，產品銷往世界各國。鄒先生工廠的生產模式是不是就是泰國經濟繁榮的縮影？出口是不是創造出進口所需的外匯？

帶著問題，我請教了楊先生，他是泰國盤谷銀行研究部的研究員。我把他給我的論述泰國經濟發展的研究報告帶回住處研讀，腦子中關於泰國經濟何以繁榮的思想漸漸清晰起來：泰國利用本國的勞動力優勢，通過引進外資和技術，實現了製成品出口帶動的工業化。總之，他們的工業化是開放式的，外匯收入相當可觀。當時，中國剛剛開始實行改革開放政策，對如何以引進外資推動製成品出口的具體做法並不十分清楚。

借鑑泰國經濟發展經驗

一九八六年，我從泰國回到中國。此行收穫頗豐，行李箱裡裝了不少泰國經濟發展經驗的資料，也帶回了對泰國經濟繁榮的切身體驗。回國後不久，我陪同泰國經濟學家代表團訪問中國。他們考察了中國改革開放的初步成果，並與中國政府高級官員交流了經濟發展經驗。

當時，深圳經濟特區剛剛成立，如何發展尚在摸索之中，基礎設施落後成為經濟發展的絆腳石。從廣州到深圳的交通極為不便，只有一條兩車道的公路。為了避開道路擁堵，我們清晨從廣州出發，到東莞吃早餐。餐廳就在廣深公路路旁，公路兩邊都是農田，水稻鬱鬱蔥蔥，荔枝樹結滿了果實。那時的東莞還只是一個縣城。我腦子裡浮現出鄒先生工廠所在的曼谷郊區的工業園，不禁捫心自問：中國何時才能有這樣的工業園？席間，中國地方政府官員對改革開放的熱情極大感染了泰國經濟學家。東莞的領導問得最多的問題是如何吸引外資，提出的最殷切的希望是請代表團幫助引進泰國企業。泰國經濟學家談得最多的建議是加強基礎設施建設。

一路顛簸，直到傍晚才到達深圳。這座城市剛剛從一個小漁村蛻變而生，到處都是建築工地。如今的鬧市區——華強北路還是一個工廠區，是三洋電子公司的生產基地。深圳的規模充其量也就是一個小城市，如何發展，還在規劃中。對於城市的發展前景，市領導想得更為深遠，他們提出的核心問題是如何創造良好的投資環境。一位泰國銀行家特別談到發展金融業的意義，他說，健康的金融市場是創造良好投資環境的必要條件。針對中國正在興起的股票市場，他指出，資本市場不但方便企業融資，還能促進和完善公司治理。當時，絕大多數中國人不知股票是何物，不敢購買股票，於是有了深圳政府官員被動員參與股市的故事。

在中國最大的城市上海，我陪泰國經濟學家

逛南京路。在擠滿商店的人群中，他們看到人們排起長隊購物，見識了中國作為世界人口大國的事實，由此引發了一場關於中國經濟發展優勢的討論。一位經濟學家說，人口眾多的中國有著巨大的消費市場，企業不愁產品銷路，依靠內需，中國經濟就能高速增長。然而，代表團多數成員認為，人口多的好處是勞動力成本低，出口工業製成品具有競爭力，中國應該實行促進出口的經濟發展戰略。泰國的成功經驗是利用廉價勞動力生產勞動密集型產品，推動了經濟增長。這正是我在泰國所見所聞得出的結論，鄒先生的汽車零配件生產企業就是實行出口戰略的典型。

在北京，代表團會見了中國國家經濟體制改革委員會的官員。在交流中，泰國經濟學家介紹了鼓勵製成品出口和積極引進外國直接投資的有關政策。根據討論結果，國家體改委撰寫了介紹泰國經濟發展經驗的研究報告，特別強調了對外開放的戰略意義。這份報告得到中國高層領導的肯定，成為中國借鑑外國經濟發展經驗實施對外開放政策的重要參考之一。

面對危機，不能以鄰為壑

一九九六年春天，歐盟和東亞的國家領導人齊集曼谷，參加第一次亞歐會議，討論跨地區經濟合作問題。東亞經濟的發展，特別是中國經濟高速增長，引起歐盟國家極大關注。與會者一致認為，東亞推行出口帶動增長戰略成功促進了經濟繁榮，增加了跨地區經濟合作的機會。會議充滿了對東亞經濟前景的樂觀情緒，進一步擴大開放成為這次會議的主旋律。

我隨同中央電視台《焦點訪談》節目組參加了會議，有機會再次與泰國老朋友相見，目睹曼谷的繁榮景象：交通要道更加擁堵，路邊高樓林立。站在高處望去，與歐美大都市沒什麼兩樣。看來，泰國經濟又進步了。在曼谷香格里拉飯店，我給鄒先生看了《焦點訪談》對我的採訪的錄像。他直爽地說，你對泰國經濟發展前景的看法過於樂觀。我聽了大吃一驚，他的話與我對泰國經濟的觀察似乎不一致。我不禁問他，難道出了什麼問題嗎？

他說：近來，我的出口訂單減少，為了維持企業生產，不得不增加銀行貸款。我的生意夥伴都遇到這樣的問題。更糟糕的是，為了賺錢，越來越多的工業企業家改行搞房地產生意。他們大把大把地從銀行借錢，興建的樓宇的空置率也越來越高。他提出疑問：銀行為什麼這麼有錢？我見到盤谷銀行的楊先生後，鄒先生的疑問有了答案：一九九二年，泰國開放了資本市場，外國資金可以自由流入和流出，金融市場上的資金便多了起來。這究竟是好事還是壞事？

一年多之後，即一九九七年夏天，這個問題明朗起來。我得知泰銖大幅度貶值，泰國發生金融危機，才如夢初醒，鄒先生一年前的憂慮是有道理的。這場危機來勢凶猛，很快就波及其他東亞國家和地區。

東亞金融危機是中國改革開放以來遭遇的第一次外部經濟衝擊，應對危機成為中國經濟決策者的當務之急。中國政府當即表示，讚賞東亞國家和地區解決金融危機的措施，支持危機發生國家的出口增長，中國將力保經濟增長速度不低於百分之八，以增加從泰國等相關國家的進口。東亞發展中國家

一九八六年，侯若石在泰國大皇宮留影。

的合作對度過危機至關重要，各國之間的宏觀經濟協調是重中之重。中國的承諾增強了各國齊心協力克服危機的信心。

一九九八年，東亞金融危機對中國經濟的不利影響開始顯現。我再次去泰國，為的是了解金融危機後的經濟情況。見到鄒先生，他消瘦了，但精神面貌不錯。他對我說，面對金融危機，不能沮喪，而要振作；不能退縮，只能拚搏。作為泰國從事出口業的企業家，為國分憂，他在努力增加出口。我問他有什麼好辦法，他告訴我，只有降低生產成本，才能降低出口價格，從而增強出口競爭力。我在他的工廠看到，生產車間的操作工人大大減少，自動化機器大大增加。這些機器不但節省勞動力，還改進了產品質量，提高了生產效率。不過，他承認，消除金融危機的危害還有許多困難，還有一些未知的風險。他說，中國經濟很穩定，泰國增加對華出口是解決危機的一個辦法，

回到中國，我參加了時任外貿部長吳儀主持的專家座談會，討論東亞金融危機的影響和對策。訪問泰國的見聞告訴我，包括中國在內的東亞國家和地區都以出口帶動經濟增長，避免相互惡性競爭是緩解和走出危機的關鍵。鑑於出口對保持經濟增長的重要作用，中國不能不增加出口。在座談會上，有人提出人民幣貶值能夠促進出口。多數人認為，如果人民幣貶值，泰國等危機發生國的出口將面臨

競爭壓力，會像多米諾骨牌一樣，引起這些國家的匯率連續貶值。我談了泰國見聞，提出發生金融危機的國家解決危機最有效的辦法是通過出口增加外匯收入。如果我們擠壓他們的出口市場，無異於落井下石。為了避免金融危機陷入惡性循環，中國絕不能採取以鄰為壑的政策。一方面，中國堅持穩定人民幣匯率；另一方面，增加從東亞國家和地區進口。中國的做法對泰國等國家和地區走出金融危機、恢復經濟增長起了應有的作用。

中國經濟今非昔比，泰國經驗仍有可借鑑之處

二〇〇八年，鄒先生為觀看奧運會來到北京。他一出機場就對我說，真沒想到北京機場有這麼好的航站樓，飛機跑道多達四條。他對北京的美味佳餚格外感興趣。三十多年前來北京旅遊，他對北京的餐館設施陳舊和衛生條件較差不太滿意，更讓人頭疼的是，為吃上一頓飯要等候一兩個小時。此次來京，讓他意外的是，北京餐館的設施和服務大為改觀。我問他，與曼谷比，誰更好一些？他回答，北京好多了。坐上京滬高鐵，他感嘆道，泰國何時能有這麼方便快捷的高速鐵路？！顯然，中國已經不是三十年前的中國了。

二十世紀八〇年代，當泰國進入中等收入國家行列時，中國還是一個低收入國家。三十多年以

前，我在泰國體驗經濟繁榮，感覺很新鮮，而這樣的景象目前在中國已經是司空見慣了。一九八三年，中國的國民總收入只有 2276 億美元；二〇一二年，已經高達 77457 億美元，增加 30 多倍。同期，泰國的國民總收入從 383 億美元增加到 3504 億美元，增長了 8 倍。中國的人均國民收入從一九八〇年的 311 美元增加到 2013 年的 6070 美元；同期，泰國從 711 美元增加到 6097 美元。現在，中泰兩國都躋身於中上等收入國家行列。

回想當年，中泰兩國官員和學者一致認為，出口促進戰略是一個國家經濟增長的有效手段，中泰兩國以卓越的經濟增長業績證明了他們的遠見卓識。在出口帶動戰略方面，泰國先行一步，中國後來居上，通過出口增強了工業化基礎。二十世紀五〇年代，在泰國和中國的產業結構中，農業是第一大產業。到二〇一三年，中國的製造業對經濟增長的貢獻率達到近 50%，泰國達到 47%。中國和泰國的人均製造業產值都達到 1000 美元以上。兩國的製造業正在向技術密集型產業發展，中高技術製造業產值比重都達到 40%以上，兩國都已成為中高端電子產品的生產大國。

中國已經躋身世界經濟大國之列，完全實現四個現代化指日可待。不過，中國仍然要虛心向泰國學習。二十世紀八〇年代以來，泰國的基尼係數持續下降，而中國則持續上升。這說明，泰國的收入分配不平等程度持續減輕，而中國的收入分配不平等程度持續上升。解決收入分配不平等的根本之道是實行包容性經濟增長戰略，讓廣大民眾真正享受經濟發展成果，創造的財富應該更多地用於民眾生活消費。在這方面，泰國也比中國做得好。過去，中國的改革開放曾經因借鑑泰國經驗而受益。為全面建成小康社會，中國需要繼續借鑑泰國經濟發展的經驗。

我在中國的故事

孫建功

（泰國前駐成都總領事）

張倩霞 譯

作為一位外交官，在我三十八年的工作時間裡，有十八年的時間在國外工作，這其中有七年的時間是在中國。由於我在中國工作的兩次時間相差了近二十年，使我目睹了中國快速向前的發展，正如中國諺語所說的「翻天覆地」。中國古話說，「千里之行，始於足下」，接下來，我請大家跟隨我回到從前，一起來看看我所了解的中國。

「中泰一家親」

一九五五年十二月二十一日，「地下」外交團團長加努納・昆拉塞舅舅、阿里・披隆姆先生（他們兩位是布雷・披本宋卡姆將軍的顧問的代表），以及成員武裡喃府議員薩應・瑪朗古洛先生、黎逸府議員庵蓬・素萬奔先生在北京中南海與毛澤東主席和周恩來總理的合影，可以稱作歷史性的合影。但在那個時候，這也被認為是最為祕密的事情。因為他們是非正式的外交團隊，當時，泰國尚未承認中華人民共和國，兩國間沒有外交關係。後來，一九五八年，沙立・他那叻將軍發動政變，治安警察以聯絡共產黨為由，將加努納舅舅逮捕並關押在位於今天暹羅廣場的警察總署。這是沒有經過任何公平的司法程序的監禁。那時候，我年僅四歲，便跟隨父母去探視舅舅。

泰國暹羅出版社二〇〇二年出版了《遇見印度》一書，該書由耀哈姆・那創作、加努納・昆拉塞（中文名：許金峰）翻譯。這本書前言部分第九到十頁寫道：「在拉要監獄的七八年時間裡，加努納和我在一個牢房。我們患難與共，各自都在思考著不能讓時間白白流逝，監獄應該成為我們學習知識、創造對社會有益事物的最好的大學……」（事實上，牙科軍醫昂斯佳・坤拉查上校告訴我，舅舅被關押了 9 年）

我童年時生活在外公外婆位於齋堂巷三十七號的家。這是一個有不少泰國華裔居住的地區，常常能聽到從廣播裡傳來的中國歌曲。齋堂是吃齋的人從事活動的地方。當要去十龍軍路（英文稱為 New Road，因為這是曼谷的第一條大路）附近的飯店時，我總能看到一個中國人的照片和九世皇照片掛在一起，後來我才知道那是孫中山先生，他是一九一一年辛亥革命之後中國的首任總統，是廣大海外華人敬重的人。

一九七五年七月一日，在克立・巴莫親王擔任泰國總理期間，泰中兩國建立正式外交關係。

建交四十一年來，兩國關係得到了巨大的發展，各層次的互訪與交流不斷，各方面的合作日益密切，以致於我們說「泰中關係是不同社會制度國家關係的典範」。我想起了中國的諺語——「飲水思源」，如果沒有「地下」外交團，會有正式的「地上」外交團嗎？如果克立・巴莫親王在二十年前做了同樣的事情，特別是與毛澤東主席合影，那當他回到泰國的時候，他的命運不會與加努納・昆拉塞舅舅有多大的不同，恐怕也只能品嚐「監獄是最好的大學」的滋味。

我在北京的四年（1986-1990）

泰王國駐華大使館位於北京光華路四十號，大使館和大使官邸位於同一區域。我在的那個時期，連接大使館與大使官邸的是辦公室。也就是說，大使打開一扇門就可以回到家，打開另一扇門就可以進入工作人員的辦公室，還包括位於底樓的商務顧問辦公室。那時候，中國還實行一週六天工作制，週六也要上班，但大使館週六隻上半天班。

我和妻子住在離友誼商店不遠的齊家園外交公寓，那裡購物十分方便。這個家也是我的女兒第一次看到世界的地方。一九八八年一月十二日，我女兒出生在位於朝陽區三環路附近的中日友好醫院。那時候，這家醫院感覺有點遠，到了晚上，路上靜悄悄的，不像今天這麼熱鬧。

我喜歡在夏天的時候像中國人一樣騎自行車，還買了一個竹編的兒童座椅安裝在自行車的後座上，這樣無論去哪裡都可以帶上我的女兒。此外，自行車還需要一塊紅色的小長方形號牌掛在座位下方。我喜歡沿著胡同騎自行車，胡同是比較窄的路，兩旁是中式四合院。記得有一次，我騎著自行車帶女兒到天安門廣場附近的長安街，那天微風習習，十分舒適，於是，女兒開始犯困，把頭靠在了我的一隻手臂上。我不得不把車停在路邊，坐下來抱著熟睡的女兒。過往的人們都微笑地看著我們。那時候，中國人覺得照顧和關心孩子是每個人的責任，哪怕不是自己的孩子也要照顧。我抱著孩子的時候，還被路過的人批評過，說給孩子穿的衣服太少了，不暖和，等等。那時，孩子們的衣服有一種款式叫「開襠褲」，就是有意將孩子的褲子臀部位置留個洞，這樣當孩子要「回報大自然」的時候，蹲下去比較方便。另外，常常可以看見孩子們冬天的衣服比自己的身材大很多，可以穿好幾年，過幾年孩子長大了就可以穿著剛好合適了，這叫作「為長大而準備的衣服」，體現了中國人的節儉。

那時，在北京的東盟成員國的大使館除了泰國之外，還有馬來西亞和菲律賓，但還沒有在一九九〇年才與中國恢復外交關係的印度尼西亞，以及東盟國家中最後與中國建立外交關係的新加坡（那時東盟只有五個成員國）。一九九一年，東盟成員國的大使館終於在北京聚齊。其實，新加坡的辦事處在這之前就已經設立了，只是沒有被稱為大使館而已。現在，東盟包括了東南亞地區的十個國家。二〇一六年是中國與東盟建立正式關係的第二十五個年頭，九月還在老撾萬象舉行了紀念儀式。

在離開北京之前，我趕上一項重要的活動，就是一九九〇年十二月在北京舉辦的第十一屆亞運會。二十年後，亞運會第二次在中國舉辦，是二〇一〇年在廣州。可以看出，中國各個城市的發展已處於較高水平，並非一定要在首都才能舉辦大型活動。二〇一〇年還有另外一場重要活動在上海舉辦，即以「城市，讓生活更美好」為主題的上海世界博覽會。我在成都工作期間，北京於二〇〇八年舉辦了夏季奧林匹克運動會。二〇二二年，北京還將舉辦冬季奧林匹克運動會。這將使北京成為有史以來第一個在兩個季節都舉辦過奧林匹克運動會的城市。

我在成都的三年（2009–2012）

李白有詩句「蜀道難，難於上青天」，描寫了過去進入四川的艱辛。如果真是那樣，我就應該算到了天堂。四川省素有「天府之國」「三國聖地」的美譽，有著名的武侯祠。

「多難興邦」，二〇〇八年五月十二日，四川遭遇了特大地震災害。全省二十一個市州被波及（只有攀枝花市沒有受到影響，因為該市位於四川南部，離震中汶川較遠），當時預計損失七千七百一十七億元，有一千五百萬人需要轉移、五百三十萬戶家庭失去住所，需要二萬名軍人、三點六萬名醫生及護士立即前往災區。整個中國被動員起來參與災區救助，許多國家也紛紛伸出援手。泰國王室、政府及人民都參與了對四川災區的救助工作。詩琳通公主在震後第一時間及恢復重建時期都向災區捐贈了帳篷、食物及生活必需品，她還出資重建了受災的綿陽先鋒路小學（重建後的小學被命名為詩琳通公主小學）。四川震區得到了一百四十多個國家的救助，為了運輸食物、棉被、衣物、帳篷以

及救援設備，共有四百多架次外國飛機降落在成都雙流機場。最終，據估計有十一個縣受損十分嚴重，五十一個縣受損較為嚴重。在失去住所的五百三十萬戶家庭中，房屋需要修復的有三百五十萬戶，需要重建的有一百八十萬戶。

為此，中國中央政府和四川省政府於二〇〇八年九月制定了為期三年的恢復重建計畫，共有二萬九千個重建項目。據二〇一〇年九月的評估結果顯示，新建醫院、學校和住房已完成百分之八十五，建設標準高於之前的要求。到二〇一一年九月，提前完成計畫中的所有項目。我特別想指出的是中國十八個省與四川十八個縣的友好幫助計畫，共有三千四百個項目，涉及七百七十二億元。這些非常巨大的項目，依靠「同胞相助」的辦法，替代中央政府和四川省政府來執行。

孫建功（後排右 1）和家人合影

在四川省和重慶市，有許多城市和景點值得介紹和推薦。請允許我介紹以下城市和景點：

九寨溝、黃龍、峨眉山，是美麗的自然景點。尤其是峨眉山，有一尊坐在四頭分別有六顆牙齒的大象背上的菩薩像。

成都，被聯合國教科文組織譽為「美食之都」。杜甫草堂是成都的標誌，每年都會舉行「人日」祭拜活動。

樂山，是世界上最大的彌勒佛坐像——樂山大佛的所在地。樂山職業技術學院護理系與泰國紅十字會護理學院簽訂了師資交換協議，該市還與泰國巴蜀府正式簽訂了友好城市協議。

西昌衛星發射中心，位於涼山彝族自治州，在四川的南部。涼山彝族自治州正在與泰國北碧府商討締結友好城市關係。

自貢，因燈會、恐龍遺址博物館以及井鹽製造而著名。其天車製鹽技術比鑽井製鹽技術更為高超。

康定，是康定情歌的發源地，位於四川省西部，大部分居民是羌族和藏族。

江油，在成都以北，是中國著名詩人李白的家鄉。他最有名的詩是《靜夜思》，被稱為「千古思鄉第一詩」，感動了古今無數他鄉流落之人。

眉山，是詩人蘇軾的老家，以生產醃菜而聞名，每年還會舉辦眉山醃菜節活動。

一九八九年十月二十六日，鄧小平親切會見泰國總理差猜·春哈旺。（供圖：中新社）

廣元，是中國古代女皇武則天的家鄉，有中國唯一的女兒節習俗。這裡還有以一當百的劍門關。

結語

在北京任職期間，我有幸跟隨泰國代表團拜訪過我十分尊敬的政治家鄧小平先生。我知道鄧小平先生期待著一九九七年七月一日和一九九九年十月二十日香港和澳門回國祖國的日子。但遺憾的是，鄧小平先生於一九九七年二月十九日去世，離他等待的重要時刻僅僅差了四個月。

一九七六年毛主席逝世的那一年，中國發生了唐山大地震，人員和財產的損失十分慘重。我認為，失去像鄧小平先生這樣的政治家，對中國人民和世界人民來說比唐山大地震的損失嚴重許多倍。我在成都工作期間曾訪問鄧小平先生的家鄉廣安市，看見他的雕像樹立在市廣場的十字路口，提醒著這座城市的人們，一定要按照先生所設計的路線，永不停息地繼續向前發展。

一九七八年，鄧小平先生出訪新加坡和泰國。那年年底，中國政府便開始實行改革開發政策，先生心裡想的事情變成了現實。儘管那時不知道「摸著石頭過河」的嘗試將帶領大家走向何方，但中國將深圳、珠海、汕頭和廈門設立為經濟特區，如果取得了成功，則可以將相關經驗推廣到全國各地。

我的故事就講到這裡。如果文章中有有價值的地方，我想把它獻給二〇一三年十月十七日過世的八十九歲的母親。二〇一三年十月二十二日，母親火化的那一天，我在發放的手冊第二十一頁的某一段落中寫道：「從母子關係中學到的知識讓我受用一生。」中國古詩云：「山重水復疑無路，柳暗花明又一村。」人總要有一些希望，無論你在多麼黑暗的地方。如果有什麼錯誤，我請求一個人承擔。我還想起「樹欲靜而風不止」這句諺語，可以理解為「孩子想向父母表達孝心，但父母已經無法接受了」。母親在我退休的前一年過世，而我當時卻仍在國外工作。我想，無論來自哪個國家、說哪種語言的外交官，都有和我類似的一些經歷。無論你喜歡還是不喜歡，都必須承認，這就是在國外工作的職責所在。

海嘯發生的日子

張九桓

（中國前駐尼泊爾、新加坡、泰國大使）

無風起浪

二〇〇四年十二月二十六日早晨，地處熱帶的曼谷，天氣仍然很熱。中國駐泰國大使館的院子裡，樹葉子一動也不動，沒有半點兒風色。我在使館院子裡散步，不一會兒就汗流浹背了。

我遇上潘廣學公參，於是兩人繞著主樓邊走邊說話。走到宿舍樓前時，突然發現游泳池無風而起浪，就像被晃蕩似的，裡邊的水潑灑了出來。

正當我們納悶的時候，又看見隔街斜對面一棟高層建築的外側樓梯上人們拚命往下奔跑，大樓前面空地上很快就聚集了一堆人。

這時，使館宿舍樓也有館員跑了出來，不無慌張地喊：「吊燈搖晃得好厲害呀，窗戶玻璃也格格作響，恐怕是發生地震了！」

我跟潘公參說，得趕緊把事情搞清楚，然後便分頭行動起來。

原來，這天早晨七時五十八分五十五秒，印度洋發生了一場大地震。震中位於印度尼西亞蘇門答臘島以西一百六十公里、水下三公里的海底，強度9.3 級。地震引發浪高三十米的大海嘯，對印尼、馬來西亞、新加坡、泰國、緬甸、斯里蘭卡、馬爾代夫、印度、孟加拉、巴基斯坦等國造成嚴重生命和財產損失。瀕臨印度洋的西亞北非一些國家也受到不同程度影響。

最後的統計數字表明，這次地震引發的海嘯總共造成十四個國家二十九萬餘人死亡，五十一萬人受傷。

這是繼一九六〇年智利 9.5 級地震、一九六四年阿拉斯加 9.2 級地震之後又一次強震，是自一九〇〇年以來百餘年間在全球範圍內發生的第二大地震。

緊急救援

當得知這是一場大地震和大海嘯，並且嚴重波及泰國南部地區以後，我馬上意識到作為旅遊勝地的泰南普吉地區可能滯留有大批中國人。我商黨委各同志後立即啟動使館應急機制。

我與潘廣學公參商量，由他帶領兩名助手馬上乘飛機前往普吉，儘快搞清楚災情和滯留在那裡的中國人的情況。同時與駐宋卡總領事華錦洲取得聯繫，請他帶上幾個人驅車趕往普吉。由於受海嘯影響，普吉機場一度關閉，潘公參等到晚上才從曼谷飛抵普吉。潘公參與華總組成使領館前線救災聯合工作組，連夜開展工作。後來，我又讓魏莉參贊等幾位同志趕過去支援。使領館在普吉的聯合工作組最後增加到十四人。

在使館，我請領事參贊胡小蘭牽頭，以領事部為主負責有關中國人的救助事宜，立即開通幾部熱線電話，二十四小時接受求助信息，提供諮詢和一切必要的服務。辦公室、政治處、經商處、文化處、武官處等各部門的工作也都以海嘯救災為中心展開。

很快，我們了解到約有二千名中國公民滯留在普吉地區，這些人或旅遊或經商或探親訪友，在海嘯中丟失了行李、錢包和證件。我們決定，立即在普吉和曼谷機場設立臨時辦公地點，現場為滯留公民補發證件，聯繫航班，組織他們迅速有序撤離災區。所有滯留的中國公民（包括港澳台同胞）兩天內全部脫離險境，有的直接回國，有的撤到了安全地區。

一個四十多人的浙江旅遊團在普吉島附近的一個小島被海水圍困，我們及時與泰國旅遊警察取得聯繫，泰警冒著餘震的危險將他們及時解救了出來。

使館接到香港特別行政區通知，香港民主黨負責人李永達夫婦在普吉旅遊失聯，要求使館協助查找。我前方工作組立即組織力量徹夜對普吉島的旅店、商場等公共場所進行地毯式的排查，終於在一個臨時作為災民安置場所的電影院裡找到了他們。

當時他們正席地而臥，顯得疲憊而無奈。潘廣學公參轉達了特區政府對他們的慰問，並表示願為他們及時返港提供一切必要協助。夫婦倆顯得既驚訝又激動，說你們這是大海撈針呀，居然能找到我們！並一再表示感謝。後來我們得知，李永達原本計畫二〇〇五年元旦在香港組織一次針對特區政府的示威遊行，後因此而改作為地震海嘯災區募捐的慈善活動。

使領館經反複查證後確認，有十五名中國公民在這次海嘯中遇難，其中大陸三人、港澳台十二人，另有二十四人受傷。我們及時通知家屬前來處理善後，並以周到和細緻的工作盡量減輕家屬的悲傷，未留下後遺問題。傷員則被及時送往醫院救治，短時間內得以康復。

在及時有效地救助中國公民的同時，我們開展了一場救災外交。在那些日子裡，救災工作成了我的主要日程。

海嘯發生的當天，我即與泰國外長素拉傑通電話，了解泰國蒙受的災情，表示中方願積極提供必要的幫助。他對我們的關心表示感謝，並很快告訴我：泰國南部普吉、攀牙、甲米等瀕臨印度洋府治受到海嘯的嚴重衝擊，五千多人遇難，其中約一半為泰國人，一半為外國人。大量民房和旅遊設施遭到毀壞，財產損失慘重。希望中方在醫療、屍體辨認、災民臨時安置及災後重建等方面提供幫助。我隨即向外交部報告了上述情況，國內對泰方的要求十分重視，很快作出積極安排。

從十二月二十七日起，我每天接受泰國和國際媒體採訪，表示中國政府和人民高度關注印度洋大海嘯給沿岸國家造成的巨大衝擊，深切同情和關心包括泰國在內的災區人民蒙受的損失，積極提供及時有效的救助；同時通過中央電視台、新華社等媒體，向國內及時介紹滯留災區的中國同胞的救助情況。

二十八日，我往見泰國外長素拉傑，轉交中國政府向泰國政府提供的用於海嘯救災的三十萬美元援款。素拉傑說：這是泰方收到的第一筆外國援款，我們看得很重，真正從心裡感激。

二十九日，中國第一批救災物資運抵曼谷國際機場。我和商務參贊宣國興前往機場，同泰國政府的代表辦理交接手續。同日，我前往大皇宮簽字，弔唁在海嘯中不幸遇難的大公主的兒子坤鵬。同時，我通過媒體對海嘯中所有的遇難者表示哀悼。

三十日，我前往曼谷醫院等多家醫院，看望在海嘯中受傷的人員，包括我公民和港澳台同胞，向他們表示慰問並提供必要幫助。

三十一日凌晨，我前往機場迎接中國科學院DNA檢測專家組、上海醫療隊和廣州醫療隊。同日，我向泰國外長素拉傑通報，中國駐泰國使館全體館員個人為災區捐款五十萬銖。

二〇〇五年元旦及其後的幾天裡，我來到海嘯災區，與泰方接洽並組織協調救災工作。

一月十九日，我駐泰使館與泰國中華總商會等社團聯合舉辦賑災義演，籌得二百一十七萬銖，捐獻給泰國政府用於災民安置和災區重建。

在這次救災當中，中國應邀向泰國派出了由一批志願者組成的醫療隊、DNA 檢測組和打撈隊。中國政府緊急運送價值九十萬美元的救災物資，並提供部分援款。中國紅十字會提供三百五十萬美元，專用於修建安置災民的住房。中方先後向泰方提供的現款和物資援助共合四百七十萬美元。中國政府和人民及時有效的援助獲得了泰國各界的廣泛讚許和好評。輿論稱，「患難見真知」，這再次體現了「中泰一家親」的深厚情誼。

生死之間

我先後五次深入泰南海嘯災區，了解災情、看望救災志願者、協調救災工作。在此過程中，我看到了海嘯給人類帶來的巨大災難，看到了中國志願者和當地人民共同救災和重建的忘我精神，受到了一次心靈的震撼和靈魂的洗禮。

在巴東海灘，威臘縣長向我講述了海嘯發生時的景象。數十米高的大浪從海面上滾滾而來，狂風呼嘯，樹被連根拔起，電線杆被攔腰折斷，咖啡館、餐館、酒吧瞬間被夷為平地。他邊說邊指著一片狼藉的海灘，往日的繁華沒有了，只剩下斷壁殘垣、枯枝敗葉。他感嘆天災難測和不可抗拒，表示崇尚中國文化「天人合一」的理念，說如果我們對海嘯有更多的了解，更注意環保，遭受的損失會少一些。

他講述了一個英國女孩救了一批遊客的故事。那天早上，這位小女孩在母親陪伴下來到海灘踏沙、戲水、拾貝殼，享受著晨光中大海帶來的歡樂。突然間，她發現海水悄無聲息地倒退，一會兒就空出一片沙灘。她馬上跟媽媽說，老師在課堂上講過，這種情況的出現很可能就是海嘯的預兆。童真無邪呀，寧可信其有！媽媽立即高聲招呼海灘上正在玩耍的人們趕緊離開。人們將信將疑，但很多人還是和這母女倆一起離開海灘向高處走去。果不其然，海水很快殺了個回馬槍，數層樓高的水牆一堵接著一堵地壓了過來，越過灘頭，沖毀馬路，摧垮樓房。這情景讓剛跑到山坡上的人們看得目瞪口呆，後怕之餘一個勁兒地感謝這位女孩。

這個故事，英國駐泰國大使弗羅爾先生也曾對我說過。多家媒體有報導。人們甚至將她與比利時的「尿童」相提並論——十四世紀，入侵比利時的外敵試圖用炸藥炸燬布魯塞爾，一位勇敢機智的小男孩用一泡尿澆滅導火索，拯救了這座城市。這位英國女孩則以她學到的海嘯知識機智地救了一批旅遊者的性命。我國著名雕塑家袁熙坤先生曾對我說，這位英國女孩的事蹟引發了他的創作衝動，他為這位小英雄創作了一尊塑像。

威臘縣長陪同我們來到坐落在半山腰上的半坡

酒店。酒店老闆陳志強先生告訴我們，海嘯發生當天，大批逃難者從山下奔來，他敞開酒店大門收容了他們，免費提供食宿。威臘縣長說，不光陳先生如此，其他許多華人開設的酒店、餐館也這樣做了，體現了有難同當、同舟共濟的團結友愛精神。我對陳先生和當地華人社團在海嘯中的善舉表示欽佩，高度讚賞他們的社會責任感，並應邀為酒店題寫了「上善若水」和「賓至如歸」兩幅字。

在普吉島西南端的崖頂上，佇立著一座泰式亭子，青松掩映，涼風習習。我們步入亭中，憑欄遠眺。夕陽下影影綽綽地散落著幾個離島，平靜的海面上波光瀲灩。普吉旅遊局負責人納西瓦向我們講述了海嘯時海上的另一番景象。

他說，海嘯發生的這天早上，有不少船隻載著遊客由普吉本島去附近小島遊玩。走得早的抵達小島時正好趕上海嘯，大多遇難，幾無生還。走得晚的，海嘯發生時船正行駛在深海，反而安然無恙。不少人對此感到奇怪，因為他們對海嘯的形成過程不了解。

納西瓦告訴我，他是學地質的，對海嘯有些研究。海嘯由海底地震引起，地震推動海水以數百公里的時速向四面運動。它還在深海裡運行時，海面不會有太大異常，一旦抵近陸岸就會突然發力，掀起難以想像的巨浪，摧枯拉朽，吞噬一切。這就是為什麼海嘯發生時在深海裡的航船無險，抵岸船隻反而遭殃的原因。

我告訴納西瓦，他所說的情況在中國團組的經歷中得到了驗證。當時，在普吉有一個由田麥久副主任率領的北京市人大代表團，泰方原計畫安排這個團早上七時出發去皮皮島考察。由於頭天日程安排擁擠，大家比較疲累，起床稍晚，出發時間遲了大約半個小時。經過個把小時的航行，當船快到皮皮島時，發現島上情況異常，像被洗劫了一般。大家都感到情況不妙，決定放棄登島立即返航。回到普吉本島才知道，就在他們前往皮皮島的途中，海嘯發生了，皮皮島遭受了一場災難。

二十八日，我宴請田麥久副主任一行，為他們壓驚。田主任是九三學社北京市主委，運動員出身，對運動學很有研究，有多部述著，在北京體育大學等多所高校做兼職教授，對文學也有濃厚興趣，出版過詩集。他年輕時曾留學德國，三十八歲那年遭遇一起嚴重車禍，在病榻上昏迷五十多個小時。席間，他既感慨唏嘘又達觀幽默地說：「我年輕時在德國的車禍中大難不死，年近古稀在泰國又與死神擦肩而過，看來我在閻王爺那裡是個不受歡迎的人呀！」

當時，正在泰國訪問的還有黨組書記甘英烈率領的中國文聯代表團，團中有著名書畫家劉大為、聲樂家金鐵霖等。他們原計畫也要訪問普吉，後接受使館建議改去蘇梅島。文化參贊秦裕森對他們說，許多人只知道泰國有個普吉，其實與之相鄰的蘇梅島是一個別有情趣的好地方，尤其對采風者更是值得一看，代表團一聽便動心了。沙梅島和普吉島與這次地震的中心蘇門答臘附近海域的直線距離相差無幾，只因隔著一塊狹長的陸地，沙梅島便無海嘯之災。海嘯發生後，代表團再三對使館的變動性安排表示感謝。我於是提起海嘯發生前兩天我和秦裕森參贊邀約該團在大使官邸共餐的情景，當時劉大為展紙揮毫，興趣盎然地寫了「南海觀濤」四字橫幅，字體遒勁，力透紙背，博得大家一陣鼓掌。我打趣地說，你們有先見之明呀，大為早就聲明了：此番南臨滄海只做「觀濤」之舉，自然與海嘯無相遇之緣了！大家聽罷都哈哈大笑起來。

在考拉的寺廟裡，我看望了中國科學院青年志願者 DNA 檢測組的專家們。

泰國是一個佛教國家，大多數人口信仰佛教，寺廟隨處可見。據泰國官方統計數字，截至二〇一三年，全國有寺廟四萬三千八百一十座。寺廟除供僧人駐錫、信眾禮佛外，還有一項重要功能，就是辦喪事。所以，海嘯中遇難者的屍體都集中停放在寺廟裡。

中國 DNA 檢測組正在工作的這座寺廟就停放了三百多具屍體。經海水浸泡和烈日暴曬，屍體發紫變黑，散發著濃烈的臭氣。一進廟門，工作人員就為我穿上防護服，戴上雙層口罩，仍然抵擋不住陣陣的惡臭。

我穿過廟廊，來到後面的停屍場。中國的青年科學家們正在聚精會神地工作。他們從屍體上取下一縷頭髮、一塊帶血跡的衣衫或者其他他們認為有價值的部位，然後小心翼翼地裝進塑料口袋，標上編號。他們的神情是那樣專注，那樣一絲不苟。可他們既不穿防護服，也不戴口罩，神情自若，從容不迫。我被他們的忘我精神感動了。我扯下口罩，走上前去握住他們的手，向他們道聲辛苦，表示親切的慰問。他們告訴我，天氣太熱，穿戴過多，礙手礙腳，很不方便。為了工作，他們是奮不顧身呀！

當天晚上，在使領館工作組的協調會上，我建議考慮可否對 DNA 檢測組的工作作輪換性的安排，但 DNA 組年輕的專家志願者們堅決不同意，說這是他們的職責所在，不能也不應該由別人來替代，他們能堅持而且能做好。

他們確實能做好。他們近乎完美的工作贏得了國際同行的認可和泰方的讚賞，泰方決定把全部

二○○五年七月一日，在兩國總理的見證下，中科院院長路甬祥（右）向泰國外交部副部長彼差移交泰國海嘯遇難者 DNA 數據檢測結果。（供圖：中新社）

DNA 檢測任務交由中方專家負責。而我們的專家們也不負眾望，如期完成了任務。

這個 DNA 檢測組由五位青年科學家組成，組長鄧亞軍，三十五歲，其他幾位的年齡比她還小。他們初抵曼谷的時候，我們到機場接他們，當時已過午夜，同一航班的乘客都快走光了，才看見他們幾位朝我們走來「自報家門」，我們還不太敢相信自己的眼睛。我們想像中的科學家，若非「滿頭飛雪」也是「兩鬢蒼蒼」。然而，就是這一群「黃毛丫頭」「荳蔻小夥」，勇敢地接受並出色地完成了一份重任！在他們完成任務回國的時候，我為他們做了一首詩：

悵望何曾生死路，
從容恰在鬼門關。
青春奏響安魂曲，
異國扛旗載譽還。

山與海的較量

二〇〇五年一月二十九日，泰國在普吉島舉辦「海嘯預警安排區域合作部長級會議」。作為東道主首席代表的泰國外長素拉傑給李肇星外長打電話，說答應出席會議的大國外長不多，懇請李部長撥冗與會。李部長欣然同意，決定在完成頭天既定日程後連夜趕到普吉。

李部長從一開始就非常重視此次海嘯救援外

交，海嘯發生不久，他就委託武大偉副部長到印尼、泰國等重災國作過一次考察。在泰國，武副部長到普吉、攀牙等海嘯最嚴重的地區進行了察看，會見了素瓦副總理和素拉傑外長，表達了中方的關切和盡力提供援助的真誠意願。

二十八日下午，我從曼谷飛抵普吉。晚上，出席素拉傑外長為前來參加第二天會議的各國部長舉行的招待會。他信總理也來了，他握著我的手說：「泰國在這次海嘯中遭遇空前災難，中國政府和人民提供了最為及時有效的幫助。請轉達我對溫家寶總理誠摯的感謝。」又說：「感謝李肇星外長撥冗出席明天的會議，我知道他正在路上，請轉達我對他的問候。」招待會一結束，我便趕往機場迎接李部長。

李部長的商務包機飛抵普吉機場已近午夜時分。在陪同李部長乘車進城的路上，我向他匯報了招待會的情況。李部長對我說，中央非常重視此次救災外交，組織了新中國成立以來最大規模的對外援助行動。海嘯發生後，中國政府第一時間就宣布向受災國提供首批價值二千一百六十三萬元人民幣的緊急救災物資和現匯援助。幾天後，溫家寶總理又會見泰國、印尼等十個嚴重受災國的駐華使節，宣布中國將提供五億元人民幣的救災援助。一月六日，溫總理出席在印尼召開的東盟地震和海嘯災後問題領導人會議，並用他的專機帶去十六噸緊急救援物資。在這次救災中，中國政府和人民的捐助總額超過十二億元人民幣。李部長對我館在救助中國公民和協助泰方救災中所做的工作予以充分肯定和鼓勵。

第二天上午，李部長在會議上第一個發言，表示中國政府和人民將繼續全力幫助印度洋海嘯受災國開展救援和重建。會後，李部長要求到災區看看，代表中國政府慰問災民。為了趕時間，李部長提出可乘直升機。泰方有點猶豫，因為此前發生過直升機墜機事故，我也有些擔心。李部長堅持說不要緊。素拉傑外長於是給空軍司令打電話，調來王室使用的性能最好的一架直升機。我和央視記者王玉國等陪同李部長乘直升機考察了災情最嚴重的攀牙府考拉地區。李部長後來在他的回憶文章中這樣記述當時的感受：

「真是不看不知道，一看嚇一跳。眼前的情景令人終生難忘：一艘巨大的貨輪被衝到岸邊一二百米處，大樹被連根拔起，幾家飯店只剩下幾根柱子……泰國人民得克服多大困難，才能重建家園！」

二〇〇六年十月十一日，張九桓大使（左3）出席在泰國甲米府舉行的中國政府援助泰國海嘯災區四百套活動板房正式啟用儀式。（供圖：中新社）

下午二時，李肇星部長一行由普吉乘坐商務包機回國。

送走李部長，我也登上返回曼谷的航班。飛機起飛後，沿著攀牙灣向北飛去。近一個月抗災救民的日日夜夜，又一幕幕地浮現在我的腦際。

我們高舉「為民」「善鄰」兩面旗幟，及時啟動應急機制，及時將滯留災區的所有中國公民安全轉移，安排傷亡公民的救治和善後，同時組織協調各種力量對泰國開展了一場救災外交，展示了中國的良好形象。所有參加救災的中國志願者和我們的外交隊伍的良好表現獲得廣泛好評，本身也得到了鍛鍊和提高。後來我得知，來泰參加救災的幾支志願者隊伍回國後都受到了表彰。DNA 小組的領隊鄧亞軍被評為「三八紅旗手」，並榮獲五一勞動獎章。外交部也為我們駐泰國使館和駐宋卡總領館記了集體三等功。

俯瞰機翼下經海嘯洗劫後依舊巋然挺立的蒼岩青山，我想，天災固然是不可抗拒的，人對自然應保持一種敬畏，但絕不是無所作為，人類應遵循自然規律謀求自身的發展。人類的堅強、團結和遵循科學規律的進取所產生的偉力，也可感天地泣鬼神！於是，我不由自主地哼道：

狂濤洶湧撼青山，

山穩如初笑海頑。

海怒衝天卷地嘯，

青山劫後還巋然。

週年祭

一年後，二〇〇五年十二月二十六日，泰國政府在攀牙考拉海灘舉行盛大的紀念儀式。泰國王室代表烏汶叻公主、他信總理以及其他軍政要員、社會名流、各界代表和駐泰使節一千多人參加。我應邀出席了這項活動。

人們舉行研討會，就海嘯的預警、防範和救災交換意見，探討有效解決問題的途徑和措施。然後，又來到曾經被海嘯蹂躪的灘頭，以獻花、簽字等形式悼念海嘯遇難者，還為即將動工興建的海嘯紀念碑鏟土奠基。

傍晚，一個隆重、肅穆的祭奠儀式在考拉海灘舉行。烏汶叻公主出席並主持儀式。公主在這次海嘯中失去了她唯一的兒子坤鵬。一年前的這天早上，坤鵬獨自駕駛摩托艇出海，海嘯襲來時來不及躲避，不幸被大浪吞沒。公主承受了中年喪子的巨大悲痛。儀式上，人們以放飛孔明燈的方式悼念逝去的靈魂。公主親自點燃第一盞孔明燈。

孔明燈是一種紙糊燈籠，用竹篾紮成一個圓柱形的框架，四周和頂部糊上藤紙，底架上安放一支蠟燭，蠟燭點燃後生成的熱空氣就會帶著燈籠升空。相傳，這是孔明七擒孟獲時帶到當地並流傳東南亞的。泰國人無論辦紅事白事，都有燃放孔明燈的習慣。

隨著第一盞孔明燈的升起，十盞、百盞、千盞……跟著徐徐升起。這天晚上，考拉海灘共放飛五千盞孔明燈，祭奠五千多個在海嘯中遇難的靈魂。這紙糊的燭燈逶迤飄飛，照亮了海灘和夜空，越飛越遠，越飛越高，寄託著人們對逝者的哀思，承載著人們對大自然有更多的了解、真正實現天人合一的美好願望。

泰中關係：過去十年清邁大學的故事

龍姆・吉拉努功

（泰國清邁大學副校長）

張倩霞 譯

自一九六四年建校以來，泰國清邁大學對與世界各國高等院校及機構在學術方面的合作和關係建立給予了極大的重視，尤其是與中國多所高校建立了良好關係，開展了長期的學術合作。可以說，過去十年是清邁大學與中國高等院校及機構友好關係顯著發展的時期。下面，我將向大家介紹具體情況。

清邁大學與成都大學的關係

自二〇〇六年起，清邁大學與成都大學便有了合作意向。那時候，我擔任人文學院院長，並且學院正好打算開設對外泰語課程。我與當時的人文學院科研與外事副院長、現任語言學院院長連・洛維蒙空（Rien Loveemongkol）副教授商議，決定前往成都，一方面向成都的大學學習，另一方面也向成都人介紹清邁大學及人文學院的對外泰語課程。那

龍姆・吉拉努功在成都大學演講。

時我所了解的成都，是一座與絲綢之路有歷史關聯的城市，而古代絲綢之路是中國西部文化與貿易發展的重要通道。我很想了解成都及其周邊，同時，也想向泰國尤其是清邁人民介紹與宣傳成都不僅僅是熊貓的故鄉，還是三國時期劉備的蜀國建都的地方。

二〇〇六年八月，我從泰王國駐成都總領事館的朋友那兒打聽到，成都大學外國語學院有開設泰語課程的計畫，就拜託朋友幫忙聯繫，希望能去拜訪。我還記得當我到達成都大學的時候，得到了時任成都大學國際合作與交流處處長徐躍星和外國語學院院長蘇聯波、書記汪紅老師，以及外國語學院第一位泰籍外教關國興老師的熱情接待。二〇〇九年，外國語學院的一位老師獲得清邁大學藝術與技術傳媒學院的全額獎學金，來清邁大學攻讀博士學位，成為過去十年間在清邁大學獲得博士學位的第一位中國人。我有幸與外國語學院院長就接收成都大學對泰語課程感興趣的學生赴清邁大學學習等事宜進行了深入商討。這可以算作清邁大學與成都大學真正建立友好合作關係的開始。

後來，為了宣傳對外泰語課程，我有機會再次來到成都大學，並有機會去了泰國人還不熟知的許多城市。我還思索著，如果更多中國人能夠掌握泰語或者泰國學生有機會前往他們還不夠了解的中國的城市，將會增進泰中人民對彼此的了解。於是，二〇一一年，我和清邁大學的同事們前往寧夏回族自治區。寧夏位於中國的西部，是回族人民的聚居地。我有機會與寧夏自治區及高校的領導進行了會見，其中一位就是現任自治區外事辦公室主任。他也把自己的孩子、侄子及朋友的孩子送到清邁大學學習對外泰語專業和軟件工程專業，幾個孩子不久前結束了課程學習，將於二〇一七年初獲得相關學位。

那次去中國訪問之後，我感受到了中國的廣闊。我發現，在成都和寧夏所認識的中國朋友對泰國的認識和了解都不多。因此，與寧夏外辦那位領導談論送孩子去清邁大學學習不是一件容易的事。對外泰語課程開辦初期，學生非常少，還不足十人。但現在，對外泰語課程已經成為泰國最受歡迎的專業，入學競爭十分激烈。目前，人文學院正在計畫面向外籍學生進行擴招。

清邁大學與成都大學的合作及其發展是逐步推進的。二〇一〇年，清邁大學與成都大學共建了泰國語言文化中心，這是清邁大學在世界範圍內、也是在中國區域內開設的第二個中心。後來，還設置了軟件工程課程及護理課程，同時，通過在語言文化中心的培訓，成都大學的學生志願者得以到清邁教授漢語。

成都大學從與清邁大學的合作，發展到與地方行政管理機構的合作，使有志於對外漢語教學的成都大學學生能夠為清邁各小學與中學教授漢語，後來還擴大到了其他省份，如烏汶府、春蓬府等。該項目始於二〇一〇年，已有超過四百名學生參與了該項目，可以說，這一項目為青年一代的友好關係的建立奠定了基礎，有助於更好地促進雙方關係的發展。我本人對雙方現在的關係和未來雙方關係發展的良好趨勢表示十分高興與驕傲。

設立泰國語言文化中心

清邁大學在中國設立了三個泰國語言文化中心，分別在雲南師範大學、成都大學和廣西大學。上述各個中心除了接收願意到清邁大學學習的學生之外，還宣傳關於泰國和清邁大學的各種信息資料，旨在讓中國人更加了解泰國。另外，中心還與

龍姆·吉拉努功（左4）與天籟箏樂團合影

當地政府和學校合作舉辦各類活動，例如：在昆明，中心與泰王國駐昆明總領事館聯合舉辦活動；在成都，中心逐步發展成為省級語言文化中心。而在廣西設立的中心被認為是一個重要的戰略支點，因為中國政府宣布南寧為面向東盟的門戶，這使得在南寧的中心未來將繼續擴大。

二〇一六年八月三日，在四川省泰國研究中心幫助下，來自成都的天籟箏樂團前往清邁舉辦了古箏專場演奏會，促進了中國成都市與泰國清邁府友好城市關係的進一步深入，也是成都—清邁藝術交流的開始。這個項目也是與清邁府各個高校一同合作的，旨在交流中國古典音樂、蘭納音樂以及戲劇藝術等。

清邁大學孔子學院

自二〇〇五年以來，清邁大學與雲南師範大學

清邁大學校長尼維斯·南塔奇教授在第九屆孔子學院大會會場。

建立起了良好親密的關係。雲南師範大學派遣工作人員到清邁大學建立孔子學院。雖然開辦之初面臨諸多困難，但最終在清邁大學還是建立起了有堅實基礎的孔子學院。雲南師範大學的老師自願到清邁大學負責孔子學院一應事宜，使得漢語教育在清邁以及周邊的府得以迅速拓展。於是，清邁大學孔子學院成為為泰國人所稱讚的知名漢語教育機構。二〇一四年，清邁大學孔子學院榮獲中國國家漢辦授予的「年度先進孔子學院」榮譽稱號。

二〇一四年十二月七日，在廈門舉辦的第九屆世界孔子學院大會上，清邁大學校長尼維斯·南塔奇教授接受了中共中央政治局委員、國務院副總理、孔子學院總部理事會主席劉延東為清邁大學孔子學院頒發的「先進孔子學院」獎牌。

自在北京舉辦的首屆孔子學院大會以來，清邁大學校長和副校長都會代表學校參加歷年的孔子學院大會。作為代表參會的我們深刻感受到了孔子學院在漢語和中國文化傳播中起到的重要作用，這也加深了我們對中國與世界各國友好政策的理解，並讓我們看到了會議主辦方組織萬人大型會議的良好組織和管理能力。

清邁大學孔子學院不僅提供漢語教育服務，同時也是漢語水平考試中心。每年都會有許多人報考漢語水平考試，這充分體現了泰國中小學生、大學生以及民眾對漢語學習的熱情。除此以外，清邁大學孔子學院還針對泰國大學生提供赴中國留學的獎學金。

後來，中國各個高校和清邁大學孔子學院合作舉辦了系列漢語教育展示活動，旨在讓泰國學生加深對中國高校的了解。不管是因為留學獎學金，還是因為有數量繁多的專業選擇，我都認為目前有很多泰國學生非常樂意到中國深造，並且呈現出不斷

上升的趨勢。

世界孔子學院大會後來也在中國的其他城市舉辦過，比如廈門、上海等，這讓我們所有的參會人員有機會看看中國其他的大城市。在過去的十年裡，我們看到了中國在各個方面的發展與進步，尤其是經濟發展取得的成績以及快速發展的漢語教育。所有的這些都讓我們必須聚焦中國，關注未來與中國深化關係的發展趨勢。

接待中國遊客

二〇一二年，伴隨著電影《泰囧》的上映，中國掀起了赴泰國旅遊的熱潮。許多中國遊客到泰國旅遊，特別是到清邁，大量中國遊客還湧入清邁大學參觀。初期，中國遊客的湧入給清邁大學帶來一陣騷動，以致在校內有人發出了禁止中國遊客到清邁大學遊覽的反對聲音。人們覺得不應該為了促進旅遊而讓清邁大學變成混亂的旅遊景點，尤其是旅遊大巴開進大學造成了多次事故，校園的清潔問題也給學校帶來不小的麻煩。於是，校長委任我全權負責中國遊客到清邁大學遊覽的事情。我還記得那是二〇一三年三月，我下定決心要與學校管理層和學生談中國遊客到清邁大學遊覽的事情，要讓他們明白清邁大學治學的原則，即清邁大學是一所對外開放的大學，我們不可能向所有要進入大學的人關閉大門。我相信，中國遊客之所以要來遊覽清邁大

二〇〇九年十一月，清邁大學孔子學院舉辦首屆大學生中文辯論賽，來自泰北及清邁地區的十所著名大學的學生參加了比賽。（供圖：中新社）

學，是因為清邁大學優美的校園風景、享譽國內外的學術聲譽。我們必須做的事情不是去禁止中國遊客，而是了解遊客的需求、規定好遊客的遊覽路線。我相信，如果遊客知道哪些事兒可以做，哪些事兒不能做，讓他們了解相關規定，遊客們是會自覺遵守規則的，那麼，所有的問題都會迎刃而解。

我曾經對學生們說，放假期間，學校將會使用校園電動車作為遊覽觀光車，為中國遊客提供旅遊服務。我們通過旅行社、導遊及各媒體告知中國遊客，到清邁大學遊覽必須乘坐校園觀光電車。校園觀光車將會在安嬌湖（Ang Kaew）等中國遊客感興趣的觀光點停車，讓遊客們盡情地拍照留念。在該項規定執行初期，要求中國遊客使用觀光車遊覽校園確實給學校造成了不小的麻煩。但在學校各方的共同協作下，這些麻煩得到了解決。其中至關重要的一點，就是學生、管理層、學校各方面工作人員的相互理解。後來，中國遊客遊覽校園的事情改由學校的慈善基金會負責。基金會調整了學校提供的旅遊服務，讓其更加靈活便利。基金會甚至向遊客徵集善款，用於民生計畫。後來，校長決定再增購六輛旅遊觀光電車用於接送中國遊客。至此，中國遊客遊覽清邁大學的問題得到圓滿解決。遊客乘坐觀光車遊覽清邁大學用時大概二十分鐘，在回程的電車終點站下車後，遊客就可以出校園了。後來，校園裡開了一家名叫「CMU coffee」的咖啡店。通過這家咖啡店，我們才了解到了中國人喜歡的咖啡口味，也知道了他們喜歡吃什麼。中國遊客除了喜歡喝冰咖啡、冰茶以外，還喜歡喝椰子、榴蓮鮮榨果汁，這兩種果汁是遊客們最喜歡的，也是這家店最有特色的冷飲。我們把對中國遊客的調查做成研究報告，提供給政府相關部門參考，以增進他們對中國遊客的了解，改善接待工作。

後來，清邁大學開始施行「Visit CMU」（訪問清邁大學）項目，即在校園內售賣各類學校旅遊紀念品。項目施行初期，紀念品賣得不太好，但在根據遊客的需求作出調整之後，清邁大學的旅遊紀念品受到廣大遊客的歡迎。目前，平均每天到清邁大學遊覽的遊客有七百人，如果是節假日，每天遊客可達到二千人。我認為，當下的項目形式是讓校方和遊客都滿意的形式。一方面，遊客玩得愉快；另一方面，清邁大學也得到了更好的宣傳。不僅如此，在項目施行的過程中，清邁大學通過招募學生做導遊或者志願者的活動，使學校成為泰國學生和中國留學生的實踐基地。在實踐過程中，學生的銷售能力得到了鍛鍊。後來，多家政府和企業單位到我校考察「Visit CMU」項目，其中就包括泰國國家旅遊局。這個項目採用的旅遊管理模式說明，建立在理解遊客、理解遊客旅遊需求和行為基礎上的旅遊管理模式會帶來雙贏的局面。

我建議包括清邁大學在內的泰國人調整對中國人的態度，我們還需要加深對中國人的了解，包容來泰國做客的每一位遊客。對於很多首次走出國門的遊客來說，新奇的事物會令他們特別興奮，這會讓他們抑制不住自己，想要把所到的每個地方、所見的每個場景都拍下來。說話聲音大其實是很多中國人的習慣，無可厚非。我認為，調整自己的態度，帶著包容的心，有利於遊客和校方的相互理解。

友誼長青

前不久，我受邀作為主講人介紹了清邁大學與成都大學的關係，以及清邁府與成都市的關係。我播放了雙方從過去到現在的許多圖片，展示了雙方從最初的教育合作到現在經濟、旅遊等方面的合作。這些圖片形象地反映出清邁府與成都市之間的貿易往來；在旅遊方面，開闢了新的旅遊線路，開通了清邁—成都直航航班。這些都讓我們看到兩地之間從高校的教育交流與合作開始，進而擴展到其他方面的關係，最後發展為友好城市的歷程。我相信，兩市之間、清邁大學與成都大學之間、清邁大學與中國其他高校之間的關係，在泰中兩國人民友好關係的基礎上，將不斷取得發展和進步。我想起了我們熟悉的一句話：「中泰一家親！」

我和我的兩所母校

劉　瑜

（泰國皇太后大學漢學院教師）

劉瑜在為專業課錄制聽力文本。

七年前，我從母校成都大學外國語學院英語系畢業，經推薦，得到了泰國皇太后大學漢語教師的面試機會，也是運氣好，通過了複試。於是，我獨自提著行李箱來到了泰國，一待已過七載。下面，我將分享我和母校的故事，講述我和泰國的緣分。

緣起母校成大

其實，我跟泰國的緣分是從二〇〇七年大學二年級開始的。當時，成大外國語學院正在為開設四川第一個泰語系作準備，所以學院為我們請來了一位泰籍老師，歡迎感興趣的同學報名參加泰語培訓班。幾番周折後，終於迎來了這位泰籍老師，他就是一直在成大執教到現在的關國興（Chaphiporn Kiatkachatharn）老師。這個小語種興趣班由當時外國語學院的書記汪紅老師和在培訓工作方面經驗豐富的付靜老師負責，全班只有十二位學員，是真正意義上的小班教學，可能也是四川省第一個泰語培訓班，學員是來自學院英語專業各個年級的學生。

在這個暑期興趣培訓班裡，關老師給我們講解了泰國的方方面面，其中，宗教、禮儀等是比語言本身更吸引我的東西。我們同屆的幾個同學總是去「騷擾」老師，好奇地向他問東問西，老師也總是很耐心地一一回答。此外，認識或者接觸過關老師的人可能都知道，老師做一手好菜，無論是泰國菜還是潮州菜都能信手拈來。他經常親自為我們幾個「吃客」下廚。

正是因為接觸了泰國，我們這個培訓班裡的十二位同學都在當年參加了學院組織的一個在泰國度假勝地華欣（Hua Hin）舉辦的酒店管理實習項目。我們到了華欣，分散到各酒店實習了近一個月的時間。當時，泰國人給我的直觀印象是熱情友好，還有就是說英語的時候，習慣重音都放在最後一個音節。我們幾個小女生到蓮花便利超市買日用品回到實習酒店，守門的大叔一見我們就笑容燦爛地說：「噢，去了 Lotus。」我們聽不懂，大叔就指著我們提著的袋子，讓我們跟著他發音。大叔對他的「咯達」發音頗為自豪，我們幾個也笑開了，至今我仍常給我的學生講起當初的這段笑談。實習期間，我頭暈發燒了一次，酒店的老闆是一位嫁給泰國人的英國女士，她開車把我送到附近的診所，然後讓她先生掛號、繳費，跑前跑後，她就陪在我身邊，幫我跟醫生翻譯。實習快結束的時候，關老師回泰國探親，專門自費開車從曼谷來華欣看望實習中的我們。在異鄉見到老師，感激之情溢於言表。從此，我們便親切地稱他為「พ่อ（爸）」。

美好的時光總是過得太快，那一年我們的泰國之行遇到了很多好人好事。離開酒店的前一天，跟我們一起工作的酒店員工還專門為我們送行。短暫的實習，讓我們結下了友誼，離開的時候，大家都是依依不捨的。直到現在，我還跟當時負責我們生活起居的一位姐姐保持著聯繫。實習結束，我的生活再次回到了校園裡的「三點一線」。我曾以為泰國只是我學生生涯中一段美好的插曲，沒想到竟會成為我人生中的主題曲。

「紅娘」

二〇〇八年，大三的暑假，我被外國語學院推薦，作為成都市的大學生代表之一，參加了一個由泰王國駐成都總領事館組織的成都市—素攀府「中泰青少年文化交流項目」。當時我已準備在國內考研，且已報名參加了一個研究生考試的政治補習班，本想放棄這次中泰文化行，但學院付靜老師認為這是個絕佳的機會，不應該放棄。現在回頭想想，如果當時放棄了這次機會，可能就真沒有後面來泰國的故事了。

那次文化行讓我結識了時任泰國駐成都總領事館商務領事沃拉提女士（Waratip Supachawarote，暱稱 Cherry），到泰國各地交流都有她一路陪伴，耐心給我們解說。分別的時候，我們互留了電話。

幾週之後回到學校，正值開學的第一週，Cherry 領事就給我來電話，說泰領館為支持成大開設四川省第一個泰語專業，準備資助一位朱拉隆功大學的泰語老師來成大，希望介紹我們認識。這位女老師名叫普琳娜（Preena Manomaivibool），她年齡跟我差得不多，我們一見如故，相處非常愉快，很快成了朋友。大四考完英語專業八級考試，我到四川省團委實習，為汶川地震週年集資重建當志願者時，接到普琳娜老師的來信，郵件中她問起我畢業後的去向。那時我已應聘了一個做對外貿易的小公司，工作強度不太大，我可以繼續準備考研。她反問我：「不想當老師了？」「怎麼會不想？當老師是我從五歲起就一直想實現的夢想。」她便問我想不想去泰國教書，並要了我的簡歷。不想一週後她再次發郵件給我，說泰國的皇太后大學對我感興趣，希望能電話面試。我終於有機會可以實現「老師夢」了，面試非常順利，皇太后大學對我非常滿意。在徵得父母同意後，我推掉已經應下的工作，開啟了我的對外漢語教學之路。

能夠跟泰國再續前緣，我一直覺得是成大外國語學院、泰國駐成都總領事館以及普琳娜老師這幾位「紅娘」為我牽的紅線。緣分如此奇妙，一切都好像是環環相扣，偶然地發生，返回去想卻又像是必然。

緣續母校皇太后大學

二〇〇九年八月中旬，我便獨自來到了泰國，普琳娜老師和她的母親熱情地接待了我。我也是後來才得知，當時審閱我的簡歷並推薦我到皇太后大學的，就是普琳娜老師的母親、在泰國朱拉隆功大學任教的泰國漢語界鼎鼎有名的芭萍（Prapin Manomaivibool）教授。芭萍教授十分平易近人，當晚對我百般叮囑，還讓普琳娜老師專程把我送到清萊。普琳娜老師帶我報到，見學院領導，幫助我落實了辦公室和宿舍，在把我託付給她在學校任教的兩位大學同學後，才離開清萊。每每回憶起剛到泰國的情景，我都非常感激普琳娜和芭萍兩位老師。

皇太后大學給我留下的第一印象極好。到這裡的當天，天氣晴好，天空藍得很純粹，進校園的路兩旁都種著樹木，樹枝已經聚合在了一起，顯得蜿蜒深邃。汽車開到這個樹木形成的「隧道」的盡頭，眼前突然展現出寬闊的U型主教學樓，大氣磅。想到將在這所有著「泰國最美大學」「公園裡的大學」美譽的校園裡展開全新的工作和生活，我心情十分激動。

大約一週後，我辦妥了工作許可和簽證，正式入職。我接到通知，校長希望會一會剛入職的新老師。我與另外四位同伴在一個週三的早上見到了皇太后大學笑容可掬、和藹可親的萬才（Vanchai

Sirichana）校長。因為我的泰語水平有限，他就先用泰語、再用英語講一遍，專門為我這個外國人翻譯。萬才校長說，很高興你們幾個剛畢業就有志來這所年輕的大學任職，從此你們就不再是學生，而是一名老師了；接著，又跟我們分享了關於如何當好老師、角色的轉換是責任的承擔等心得。我記得特別清楚的是，他親自送我們離開辦公室的時候還專門對我說：「一個人在國外，一定注意安全，多結交些朋友。」言語親切，像位慈父。

再見到萬才校長，是在學校的年會上，他一桌一桌地跟教職員工們問好。到了我們這桌，他在圓

劉瑜（左2）和學生們在一起。

桌前站定，眼睛掃到我時，便問我：「หยก（我的泰語小名），你怎麼樣？準備好讀研了沒有？想不想申請學校的獎學金，學校願意培養你！」我先是驚訝於校長只見過我一面，卻在上千人的全校年會上準確地叫出我的名字，記得我下一步的目標是讀研；更驚喜的是，學校願意提供獎學金培養我！就這樣，二〇一一年，我開始攻讀皇太后大學的對外漢語教學碩士學位。為了我們那屆研究生，學校專門請來了復旦大學的語言學家游汝傑教授、雲南社會科學院哲學所的唐嘉榮副教授、在新加坡任教的黃霞博士等業內專家為我們授課。讀書期間，學院還專門為我減少了課時量，竭盡全力地支持我，直到二〇一四年我順利畢業。

二〇一四年年中，中文系從文學院獨立出來，此時離皇太后大學正式招收第一批漢語專業本科學生已經整整十個年頭。學校為泰國各界輸送的漢語專業本科畢業生受到了用人單位的普遍好評，並且已經在整個泰國的漢語教育方面產生了很大的影響，許多學生及家長慕名而來。萬才校長堅持重視發展漢語教育，要將中國的理論、規劃等通過課堂教學帶給學習者；在與時俱進的同時，又與泰國的文化產生交融，培養真正讓學生和社會受益的畢業生。因此，「漢學院」應運而生，在原先商務漢語、漢語師範和漢語言文化的本科教學基礎上新增了漢學專業，再加上漢泰翻譯和對外漢語教學兩個碩士專業，使皇太后大學在成立的第十六年一舉成為泰國漢語專業和學科建設最為完整的大學。同年，學校還開設了中醫專業，並把漢語作為全校性的公選課。

從母校成都大學畢業後，泰國皇太后大學是我參加工作後的第一個單位，也是我碩士畢業的學校，自然成了我的又一個母校。離開成都的七年裡，我始終遠遠地、默默地關注著母校成大的壯大。記得有一次在去清邁某中學訪問皇太后大學漢語師範專業實習生的時候，遇見了成大在清邁實習的泰語專業學生，我甚是激動和驕傲。在泰國皇太后大學工作學習的七年間，我見證了校領導對中文的重視，「漢語系」華麗轉身為泰國開設漢語專業最多的「漢學院」，以及醫學院所增設的中醫專業，為泰國不同專業和水平的學生提供了大量到北語、復旦、廈大、暨大等中國高校交換學習的機會，具有中、泰國籍的漢語教師隊伍也從最初的十三名擴大到六十多名。短短的幾年間，兩所母校的

劉瑜（左2）在碩士畢業典禮上與同學合影。

二〇一五年，劉瑜為泰國清萊府漢語教師做培訓。

發展有目共睹，我也有機會在這個過程中和母校共同成長，感恩於心。

我無疑是幸運的，感激兩所母校，更感謝所有幫助過我、給予我教誨的老師們。我必將更加努力，除了參與見證母校的更多榮譽、輝煌，為母校而自豪以外，更希望將來有能力為中泰友好交流獻出微薄力量，讓母校能因我而驕傲。

後記

二〇一六年十月十二日，有消息說深受泰國國民愛戴的國王普密蓬・阿杜德病情不穩定，詩琳通公主已趕往醫院，好幾所學校由王儲參加的學位授予儀式也取消了。正值學校的期中考試周，當天下午我正在監考，隱約聽到旁邊的泰國同事在低聲地互相打聽國王是否有好轉的消息，那時得到的消息是有所好轉。

十月十三日下午五點，我上完一整天的課後，回教研室開教學會議。六點開完會回到教室，突然發現身旁的泰國同事在一邊批改試卷，一邊落淚。我嚇了一跳，輕聲問怎麼了。她一邊抽泣一邊說：「國王情況不好，我們都在祈禱，等消息。」另外一個同事含著淚連聲說：「不會的，不會的，他才八十八歲，對於一個國王來說，還太年輕，他還能再活三十年。」

六點四十五分左右，學院的大會議室開始播放各個電視頻道的新聞，每個人的臉上都寫滿了凝重。雖是外國人，我畢竟在這片土地待了近七年，即便是身邊朋友的至親病危，我心裡也會堵得難受。起身去上洗手間的時候，大約七點過五分，所有電視、網絡的聲音都突然一致了。等我再回到辦公室，所有人早已泣不成聲。這時，安慰已經失去了作用，空氣裡都是撕裂的悲痛。

回宿舍的路上，經過校園裡皇太后（國王的母親）的雕像。整個石雕周圍跪滿了雙手合十、哭泣跪拜的學生。連旁邊平日裡熱鬧不已的中國餐廳，也安靜了下來。

回家上 Facebook，昨晚還是一片粉色背景（代表國王的顏色）、金色字體、寫著「某某某愛國王」的頭像，今天幾乎全都換成了黑色。其中就有三年前我教過的一個叫 Kwang Bambiie 的商務漢語專業的泰國女生。記得那年中文口語考試的時候，考生需要在三分鐘之內以「我最愛的……」為題即興做一篇口頭作文，當時她自選的題目就是「我最愛的國王」。一般的泰國學生大多說不到兩分鐘，而那三分鐘，被她用得滿滿的，一邊說一邊淚流滿面。記得她說，她不能理解不尊重、不愛戴國王的人，怎麼會有人不愛自己的爸爸呢？

朋友圈繼續被各種悼念刷滿：

「感謝這個人，他讓我們知道父親的重要。」——一位泰國同事

「本國不是最好的國家，但本國有最好的國王。」——一位泰國同事

「你的孩子哭到心碎。」——一位泰國學生

「他把他的人民放在自己的肩上。此時此刻，你們深愛的國王希望你們堅強。」——在泰國生活、工作了八年的美國同事 Dale Yurovich（目前是一家俬立國際學校的副校長）

截至本文交稿時，泰國舉國上下已進入國喪期，所有國民都自願換上了黑色衣服。

泰國總理府發布公告：（1）所有政府機構、國有企業、事業單位、學校等降半旗，為期三十天。（2）所有公務員穿黑色衣服服孝一年，普通公民自願服孝。（3）所有單位停止娛樂活動三十天。

一位長者說：我們舉國愛戴的國王，他不曾、也不會離開，他將在天國與我們同在，讓我們更堅強。天祐泰國！

中國：我的第二故鄉，我的福地

維媞妲・旺素帕功（聶慧銘）
（泰國 JSW Property and Development 有限公司和 Care Technology (Thailand)有限公司董事，泰國商務部駐成都國際貿易辦事處前商務領事助理）
張倩霞 譯

二○○四年，我從泰國清邁大學本科畢業後，就有了去中國學習的強烈願望，因為中國是一個正在蓬勃發展的大國。我仔細研究了中國留學相關信息後，很快就下定決心去北京學習中文，那裡成為我的中國印象之旅開始的地方。

到北京語言大學學習中文，讓我在異國他鄉遇到了真正的朋友。侯亞麗，一個可愛的內蒙古女孩，皮膚白皙，臉頰紅彤彤的，為人積極樂觀，是個直腸子。最重要的是，她待人非常真誠。那時，侯亞麗在我大學附近的一家旅行社工作，而我和亞麗姐的友誼從我踏進旅行社諮詢旅遊事宜時便開始了。

我下課後常做的事就是去找亞麗姐聊天，讓人不可思議的是，我們倆每天都有各種有趣的事分享。學習的、家庭的、朋友間的、日常生活中的趣事，都是我們聊天的話題。放假時，我們倆常一起出去玩。那年五一勞動節放假，亞麗姐邀請我和她一起回內蒙古。我特別激動，因為內蒙古一直是我內心嚮往的地方，一個我以前只能在電視劇裡看到的地方。於是，我和媽媽、姨媽還有一個好朋友就跟著亞麗姐一起去了內蒙古。

就這樣，我在中國的第一次旅行開始了。內蒙古地處中國北部，坐火車去需要一整晚的時間。由於我們去的時候正趕上五一假期，出行的人特別多，臥鋪票已經售完，只剩下硬座票，這讓我的第一次火車旅行成為一趟既讓人興奮又需要強大耐力的行程。我和亞麗姐一路暢談，第二天早晨，我們到達了包頭市。包頭靠近陰山，礦產資源豐富，是內蒙古一座重要的工業城市。這裡有一百多種金屬和非金屬礦產資源，且煤炭儲量較大，這使得包頭及其周邊的城市成為中國重要的煤炭產區，其煤炭產量占全國的百分之二十五。到了包頭之後，我們還要再坐五個小時的大巴才能到亞麗姐的家。

我們一行人全都住在亞麗姐家，她的家人熱情周到，把我們照顧得很好。從他們身上，我了解到許多中國的民族文化。亞麗姐的媽媽常會給我們做水餃和煎餃吃，還教我們包餃子。另一道不能錯過的美食就是內蒙古名菜肥羊火鍋。這次到內蒙古，我們體驗了蒙古族傳統的生活，還看到了蒙古包。我們騎著馬縱情馳騁，還在草原上追逐野兔。到了沙漠，我第一次騎了駱駝。我們一邊騎著駱駝在沙漠中穿行，一邊欣賞著沙漠日落的美景，所有的一切讓我興奮不已。陽光傾瀉在沙漠之上，把沙漠染成了金黃色，加上微風徐徐，置身其中，夢幻又浪漫。在即將結束沙漠之行的時候，我們還收到了個「意外驚喜」。當時我們正在和一頭母駱駝拍照，不遠處有一頭公駱駝。突然間，那頭公駱駝向我們衝過來，於是我們幾個人一下子四散開來，往不同的方向拚命跑，一直跑到在遠處停著等我們的車上。這可真是一場讓人難忘的冒險啊！

在北京學習中文的一年時間裡，我的生活幸福滿滿。真的要感謝亞麗姐，她就像我的親姐姐一樣關心照顧我，教會了我很多事情。她不僅僅教我中文，還讓我明白了中國人的思維和生活方式及文化。

在學習語言期間，我常會利用空閒時間去做些兼職，比如做當地導遊的陪同翻譯。那時正好是泰國宋干節休假期間，有泰國團到中國旅遊，旅行社就需要找會泰語的學生給當地導遊做陪同翻譯。我特別享受這次的翻譯工作，因為來旅遊的三十名泰國客人特別可愛。藉著這次做陪同翻譯的機會，我遊覽了北京幾處值得遊玩的景點，如故宮、長城、天壇等。不僅如此，我還借此機會到其他城市玩了一圈。我的另一個兼職工作是在一個美容和 SPA 產品展銷會上做翻譯。這份工作是我本科的中文老師吉提吞介紹的。通過這份工作，我認識了泰國商務領事的助手董哥。

在結束了中文學習之後，我轉到對外經濟貿易

維媞妲（中）和侯亞麗（右）在四川甘孜海螺溝遊玩時合影。

大學國貿專業攻讀碩士學位，為期兩年。拿到碩士學位之後，我本想回泰國工作，但在和董哥見面聊過後，我留在了中國，並在中國工作了很多年。在這裡，我必須向董哥表示感謝。為了讓我積累更多的工作經驗，董哥給我在北京介紹了一份工作。後來，泰國商務部在成都設立了國際貿易辦事處，董哥就把吉拉帕攀・瑪麗彤女士介紹給我認識。那時，她正準備到泰國駐成都總領事館商務處就任商務領事一職。

通過面試後，吉姐（吉拉帕攀）就讓我擔任她的助理。於是，我就來到了四川成都，開始了嶄新的職場生活。這再次讓我興奮不已。我的主要工作是處理貿易、市場、工業、生產、進出口、各類規劃條款的相關文件；組織安排泰國各類商品的促銷活動。作為連接泰中雙方進出口貿易的中間橋樑，我的工作還涉及為到成都洽談貿易合作的泰國商人提供服務，比如舉辦泰中商務洽談會，安排中國商務代表到泰國參加商品展銷會，並為中國商務代表團在泰國尋找合作夥伴創造機會。

作為商務領事吉拉帕攀的助理在成都工作的那兩年時光，到現在我依然記憶猶新。吉姐除了是我的領導，還是我的媽媽、我的朋友、我的姐姐。無論在工作上還是在生活中，吉姐一直在教導著我。吉姐一直是個好領導，她對工作負責，是工作問題的解決者；工作有條理，總是提前做好規劃；做事有創新精神，願意傾聽不同的建議；不擺架子，尊重他人；支持團隊裡每個人的工作，不管是誰遇到困難，她都會伸出援助之手。每每想到與吉姐一起工作的日子，我的內心都會有一股暖流湧出。即使是到現在，從吉姐身上學習到的東西也讓我受益匪淺。吉姐是個可愛的人，她的家人也很可愛，他們從不擺架子，待我們也不當外人看。

在人的生命中，不可缺失的就是朋友，有學習時期的朋友、餐桌上的酒肉朋友，也有旅行時的朋友，有愛我們的朋友，還有工作中的朋友。在所有的朋友中，除了同學以外，同事是我們花最多時間相處的朋友。一天二十四小時中，就有八小時和同事在一起。

我的第一個同事叫維拉婉・勒撒瓦塔娜蒙坤（小名叫美），泰國南部人，畢業於成都一所大學的中文專業。畢業後，美就在總領館商務處做助理，於是我們倆有機會共事。跟美一起工作特別幸福，我們的工作氛圍很溫馨，工作中常常互相幫助。放假的時候，我們還經常一起出去玩。美讓我在成都的職場生活充滿了色彩，讓我在成都的生活不再孤單。雖然我們倆現在不在一處，但我常常會想起我們倆在成都的美好時光。

不能不提的另一位同事是曾在一起工作過的中國朋友張濤。張濤在寧夏回族自治區銀川市外辦工作。我和張濤能有機會在一起工作，是因為有泰方公務團和展商到寧夏參加當地一年一度的盛大的清真食品展銷會。我很開心能夠和張濤一起工作，他出色的工作表現給我留下了深刻的印象。從他身上，我學習到了很多東西，明白了「工作夥伴」這個詞的真諦，這裡面包含著為人真誠、心胸寬廣、控制好工作中的情緒，還有應對問題的能力。

不可否認的是，在事業發展取得成功這件事情上，工作夥伴和我們個人一樣，起著同等重要的作用。工作中有一個好的搭檔的話，同事間的互幫互

維媞妲與寧夏外辦的好友張濤合影

助會讓工作順利完成。之所以在工作中大家能夠同心協力，是因為工作團隊在工作中體現出的向心力對於工作完成的效率和成功起著至關重要的作用。

到成都工作成為我生命的轉折點——我遇到了生命中的另一半。二〇〇八年，在寧夏的清真食品展銷會舉辦之際，泰國北大年府與寧夏簽訂了建立友好城市關係的合作備忘錄。來訪的泰國代表團中有位名叫皮塔・裹佳皮塔的代表，他是北大年市的市長，是位平易近人的長輩。在那次活動中，受吉姐委託，我作為商務部代表負責代表團一行訪問各事項的工作安排與協調。我和皮塔先生的初次見面就在銀川的北塔寺。皮塔先生回國之前，跟我要了名片。沒過多久，二〇〇八年九月十七日，皮塔先生的兒子皮撒努・裹佳皮塔先生（小名叫霍）通過 MSN 與我取得聯繫，感謝我在銀川對皮塔先生周到的照顧。從那天起，我和霍就常通過 MSN 聊天。

到了十月，我回清邁探親，而霍一家人也安排了到清邁旅行的行程。十月十一日，我在一家名叫卡勒的餐館見到了霍，還有他的媽媽、姐姐和正在清邁大學學醫的妹妹，以及他們家的幾個親戚。通常，我會隨身帶著口香糖，當大家一起走在步行街上的時候，我就把口香糖分給大家吃。霍看到後，覺得他的家人多，把我的口香糖分完了，於是就在我們分手之前悄悄到 7-11 便利店買了口香糖，趁我要上車的時候塞給了我。當時，大家都有點懵，因為不知道霍悄悄給了我什麼東西。那一瞬間，我對霍產生了好感。雖然事情很小，但他的細心周到給我留下了深刻的印象。

後來，我回到成都繼續工作，而霍在曼谷工作，但我們倆一直通過 MSN 和 Skype 保持聯繫。二〇〇九年二月，霍到深圳公幹。於是，他跟我說，他在深圳的工作結束後就會飛到成都，還提醒我別忘了曾經答應過他會帶他去玩。我反問他，是他爸爸讓他來找我，還是他自己要來找我。霍回答說是他自己要來找我。我明白他這次過來看我，其實是想請求我做他的女朋友。在帶霍玩的一路上，我用了各種方法考驗他的耐性，比如帶他坐又舊又擠的麵包車，帶他走很遠的路，而他看起來完全沒有覺察。在霍回泰國的那天，我送他到機場，他進了機場之後給我打電話，說希望我做他的女朋友。我拒絕了他，對他說先保持朋友關係吧，如果後面我們發現彼此合適的話，再從朋友關係昇華為男女朋友關係。

那天分別之後，霍繼續和我保持著聯繫，早上上班前會打電話問候一聲，到了傍晚（視情況而定）要麼用電話，要麼用 Skype 和我再聊一會兒。隨著時間的推移，我們倆的關係越來越好。二〇〇九年四月，我又回到了泰國。我們倆見面時，我對他說我想回泰國發展。後來，我就從商務部辭職回到了泰國。回到泰國後，我和霍有了更多相處的機會，彼此間也有了更多了解。

與霍相識一年後，二〇〇九年十月七日，他給我打電話，再次請求我做他的女朋友。這一次，我答應了，因為我感覺自始至終霍的好都沒有變。我們倆在一起大概兩年的時候，霍攛掇著讓我帶他去寧夏，去那座我和他的爸爸初次見面的城市。二〇一二年宋干節放假，我們倆出發去了寧夏。我只是履行曾答應要帶他來的許諾，沒想到霍是要在那裡向我求婚。我們倆來到了我和他爸爸初次見面的北塔寺，來到了我們倆關係能夠開始的地方，就在那裡，霍向我求婚了。

霍是個好男人，簡單，不找事兒，細心且善於觀察，真誠，可愛，溫暖，對我的關心照顧自始至終從未改變。他總能給我好的建議，是我的靈魂伴侶。他看待這個世界積極樂觀，常給我帶來歡笑，無論是幸福還是痛苦，他都一直守護在我的左右。霍有個溫暖的家庭，有可愛的家人。霍對我說將會

維媞妲帶霍的家人在清邁步行街遊玩時合影。

霍的爸爸（左）在他和維媞妲初次見面的地方——銀川北塔寺留影。

像愛護他的家人一樣，一直愛我、照顧我。霍曾對我說，從他出生等到我們兩人遇見的時候，生命已經過半（我們相識的時候，他已經 30 歲）。他希望下半輩子的生活有我相伴，就想像現在這樣一直照顧我。霍對我說的話和做的事讓我頗為感動。感謝中國——我的第二故鄉，讓我認識了霍的爸爸，從而讓我認識了霍。我發誓我會愛霍，像愛自己的家人一樣愛霍的家人。如今，我和霍已經組建了一個溫暖的家庭，有了兩個孩子，我們在一起幸福地生活。霍對我的好，從未改變。

中國，是我永遠不會忘記的第二故鄉，讓我遇見真心朋友、找到真愛之人、擁有自己美好家庭的福地。每每回想起過去的時光，我都會會心一笑。在我的腦海裡，有講不完的中國趣事，而在中國所經歷的一切，也會永遠深在我的心田裡。若有機會，我一定要再回中國看看。

我在泰國的日子

馬　藝

（泰國 Sarasas 國際學校教師）

在泰國的第一天

二〇〇三年八月，我受泰國皇家吞武裡學院（現已更名為泰國皇家吞武裡大學）的邀請，出任該學院工商管理系中文教師一職。我在中國讀的是

二〇〇三年初到泰國時的馬藝

旅遊管理，對老師這個職業是完全陌生的，但我也沒有多想什麼，簡單收拾了行李，換了一萬泰銖（當時人民幣和泰銖的匯率是 1:4），就義無反顧地踏上了我的泰國之旅。我當時怎麼都沒有想到，這一去就是十三年。

在此之前，我從沒有去過泰國，以為只要會講中文就可以在東南亞這些國家通行無阻。誰知道下了飛機才發現，泰國人只講泰語，英語也只是輔助性的第二語言，並不是所有人都能用英文交流（當時的確如此）。這對我來說就成了大問題，泰文一句不會說，更不要提讀寫了。看著廣告牌上密密麻麻的「蝌蚪文」，我心裡不禁有些打鼓。辦完入境手續，我拖著行李往外走，一路走一路後悔——放著收入豐厚的導遊不做，偏偏來一個不講中文的陌生地方當老師。可事已至此，就算是硬著頭皮也要撐下去。出來機場大廳，見到了之前相識的一個泰國朋友，心裡才稍稍平靜了些。我們一同到外面打出租車，剛出機場，一股熱氣撲面而來。老早聽人說過泰國很熱，但沒有想到居然這麼熱，熱得讓人喘不過氣來。而最讓我受不了的還不是這悶熱的天氣，而是在這潮濕的空氣裡夾雜著一股捲心菜的味道。我一向對捲心菜沒有什麼好感，這個味道實在是讓我感到極其難受。走到出租車前，我已是滿身大汗，也顧不上正在幫我把行李搬上車的朋友，一頭紮進了車裡，生怕慢一步就會融化在這濕熱的天氣裡。一上車，我就被這車裡的「另類」布置所吸引。司機在右座駕駛，方向盤旁的空台上供奉著大小不一的佛像，後視鏡上纏著五顏六色的絲帶，頂上有用白色粉末書寫的類似符文之類的東西。後排靠背上還放著一些鮮花，還有一些僧人的照片貼在玻璃上。當我還在打量車內陳設的時候，朋友也上了車。司機緩緩發動車子，我們一行人便駛出了機場停車坪，往我的臨時住所進發。

泰國的交通和中國完全不同，所有車輛一律靠左行駛。每一輛車的車速都很快，路上也看不到一輛自行車。但泰國人很遵守交通規則，不會在行駛途中隨意變道，就算是要變道，也會事先打開轉彎燈示意後方車輛，以免發生事故。在馬路上行駛時，也幾乎聽不到「嘀嘀」的喇叭聲，取而代之的是摩托車排氣管發出的轟鳴聲和車輪與地面的摩擦聲。車窗外，騎摩托車的人頭上戴著安全帽，臉上戴著口罩，手上戴著手套，身上穿著外套，一副如臨大敵的扮相。他們不熱嗎？我心裡這樣想著。再看，高矮參差不齊的房子一排排林立在路兩旁，有的很現代化，有的黑乎乎的，像是經歷過一場火災。房子前面樹著密密麻麻的電線杆子，上面的電線和電話線交錯在一起，形成了一道網。這道網一直延伸下去，看不到頭。我問朋友，為什麼那麼多老房子政府不拆除重建呢？這樣很影響市容啊。朋友笑笑說：在泰國，所有的土地和房屋都是永久產權，除政府占地外，產權一律歸私人所有。除非是業主自願出售，或者政府重金購買，否則誰都無權干涉或強行拆除，有的房屋已經是危樓，但業主不拆，就奈何不了他。這就是為什麼在商廈林立的市中心商業區，人們常常會看到金碧輝煌的高樓旁邊立著一幢又矮又黑的小樓。那個畫面非常不協調，但誰都改變不了，政府亦是如此。明白了，永久產權，聽上去很不錯，但是到了五十年或者更長時間後，我想誰都不敢住在那樣一棟危樓裡過日子吧。

一路聊，一路看風景，過了很長時間，車子才停在我的「家」門口。下車時，卻發生了點小插曲。本來車上的計價表顯示的數字是三百八十一泰銖，但是司機一定要五百銖，大概意思是要收取小費。眼看朋友要和司機大打出手，我趕緊拿了錢給那個司機，讓他離開。我並不是怕他，而是一心想著儘快進到屋裡，因為我實在是受不了這燥熱的天氣。

我的臨時住所是一座兩層樓的連排別墅。聽上去很霸氣吧，但那是一個三十多年的木質結構的房子，一樓的地板已經壞了，水電也沒有通。二樓有兩間臥室和一個洗手間，其中一間臥室是房東堆放雜物的，也就是說，我的「家」就只剩下那一間不到三十平方米的屋子和一個洗手間。屋子裡除了一盞日光燈和一個電風扇以外，沒有任何家電。洗手間裡沒有熱水器，只有一個淋浴噴頭和一個馬桶。馬桶旁有一個類似水槍的東西掛在牆上，這東西我是從沒見過，也不知道有什麼用途。經朋友指點才知道，那是方便之後用來清洗的。出三千銖還想住什麼樣的房子呢？不管了，簡單收拾了一下，發現天色已晚，為了答謝朋友，我決定當晚吃一頓豐盛的泰國大餐以示謝意。

初嘗泰餐

第一次到泰國大排檔，感覺挺「祥和」的。每個人都安安靜靜地吃飯，即使是在聊天，也是輕聲細語，根本聽不清他們在說什麼。沒有人把殘渣剩飯往地上倒，也沒有人一邊喝酒一邊猜拳。桌子上擺放著筷筒，但裡面沒有筷子，只有勺子和叉子。筷筒旁有四個連在一起的小杯子，裡面裝著辣椒粉、醬油、魚露和辣椒水。一個紙筒，裡面的紙可以隨便用，不花錢。朋友叫夥計點菜，嘰裡咕嚕說了一堆，我一句也沒聽懂。朋友見我一言不發，索性把菜單給我，讓我點我想吃的。我打開菜單，原來裡面有圖片，看不懂也沒關係，按圖點菜。記得當時我點了一條魚、一道烤豬頸肉、一盤蔬菜和一碗脆骨湯，其他的菜朋友來點。大約過了不到五分鐘，蔬菜和烤豬頸肉就上桌了。也許是餓了，我沒顧上朋友就自己先吃起來。蔬菜的做法和中國差不多，只是菜裡放了很多蚝油，吃起來黏黏的；豬頸肉很香，肥而不膩，很爽口。接著又上來了魚和湯，還有一盤涼菜，但看不出來是用什麼做的，像是筍，又像黃瓜。朋友告訴我，這是泰國有名的小

烤豬頸肉

吃，叫 somtum（中文是涼拌木瓜絲）。我迫不及待地嘗了一口，木瓜絲的酸爽配合著泰國小米辣，加上湯汁裡紅糖粉濃濃的甜味，三者各有特色，但又渾然一體，配合得天衣無縫。食材雖然簡單，但在這樣悶熱的環境裡，這道菜的確是可以令人胃口大開。吃了好幾口，我才把目光轉到那條魚上面。魚是鯛魚，肉質鮮嫩，刺少，入口爽滑。廚師用辣椒、檸檬和蔥作為輔料，加入少許清水，再放入鍋內蒸透出鍋。酸辣的味道再一次刺激著我的味蕾，半小時前的種種不快都被拋到腦後，我完全沉浸在這美食當中。

吃這麼好的菜怎麼能沒有酒呢？泰國沒有中國的白酒，由於氣候原因，大多數人喝的是啤酒，也有人喝威士忌一類的洋酒。我是很喜歡喝啤酒的，在國內的時候，往往是「五瓶不夠，六瓶差點」。今天也不能不喝點啊！讓朋友幫點了兩瓶啤酒，而且指明要喝泰國本地產的啤酒。不一會兒，一個服務員就拿了兩瓶啤酒放到我們桌上。我仔細拿起來端詳了一下，酒瓶子是褐色的，貼著白色的標籤，上面寫著「Singha」，一個金色的獅子圖案被印在中間，看上去很高大上。我想都沒想，拿著瓶子直接就喝了起來。這第一口剛到嘴裡，就覺得苦澀難忍，和之前喝過的中國啤酒大相逕庭。那個味道有點像中藥，又有點像苦瓜湯，總之一句話——太難喝了！我強忍著嘴裡的苦澀，勉強把酒吞了下去，然後趕緊吃了一口木瓜絲。可就在這時，我發覺嘴裡居然有一絲淡淡的甜味，而這甜味又不是木瓜絲特有的那種甜，而是一絲甘甜。我頓時明白了，這

檸檬酸辣魚

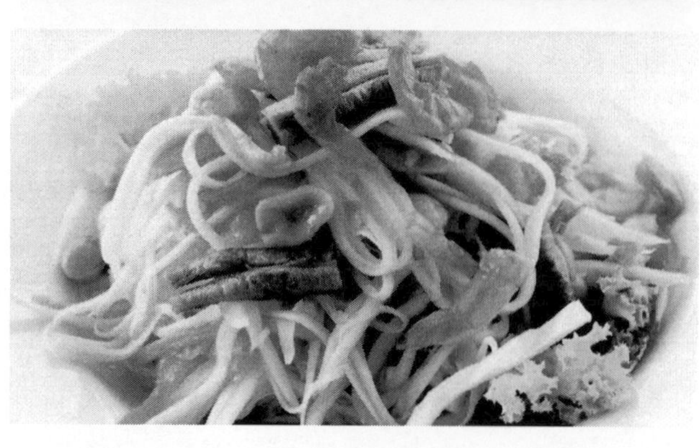

涼拌木瓜絲

就叫「一方水土養一方人」，本地酒就得配本地菜，只有這樣，才能相輔相成，這才是最高境界。我再一次拿起酒瓶，慢慢喝了一口，但再也感覺不到之前的那種苦澀了，滿嘴只剩下涼爽甘甜。我又一次暢快了。

直到今天，我還是很喜歡吃酸辣鯛魚、木瓜絲，當然少不了來一瓶泰國啤酒。雖然現在我能找到很多其他的美食，但這「兩菜加一瓶」依然是我的最愛。

生活不易

早上五點，手機的鬧鈴準時響起，今天要上班了。昨晚的泰餐在口中還留有餘香，今天卻要為生活打拚了。上班第一天，必須穿戴整齊、得體。簡單洗漱之後，我換上了襯衫，套上西褲，蹬上剛買不久的皮鞋，脖子繫上領帶，拿著我的學歷相關文件就出門了。五點半，天還沒有完全亮，朦朦朧朧的天色讓我心情無比舒暢。天氣也不熱，所以走路的速度也就快了起來。我攔了一輛出租車，把事先準備好的印有大學地址的名片給司機看，在司機確認地址後，我坐了進去。為了避免昨天那種下車時獅子大開口，強行要小費的情況再次發生，我很生硬地對司機說了一句：「Meter，please（請打表）。」司機看看我，也不說話，笑著打開了計價器，然後又看看我，大概意思是說：開了，滿意啦？我沒有心思去理他，一心想著我在泰國的第一個工作日會是什麼樣的。曼谷的確是「堵城」，五點三十五分上的車，快七點才到大學。一路上只見各種大小車輛一步一挪地往前「爬」。不過還好，總算是沒有遲到。

大學所在地位於曼谷老城區，外面街道狹窄，一來一去只有兩個車道，顯得很侷促。進到校內，發現侷促的不只是外面的街道，裡面更是讓人覺得透不過氣來。整個大學占地不大，原因是曼谷寸土寸金，地價很貴。校內甚至沒有籃球場，停車場也是設在教學樓的一、二、三層。如果要參觀整個校區的話，那麼用不了三分鐘就可以結束。一路打聽，找到了教務處，一位五十歲左右的女老師接待了我，並帶著我去找大學唯一一位中文教師——陳老師。陳老師四十多歲，短髮，穿著一身連衣裙，腳上穿著一雙平底鞋。之後的日子裡，印象中陳老師就沒有穿過其他款式的衣服，永遠是連衣裙加平底鞋。寒暄之後，陳老師告訴我，今天我並沒有教學任務，因為第一天來，先讓我熟悉一下環境，備一下課，等等。我沒有提出什麼異議，就跟著她去找我的辦公室。大學裡總共五棟樓，每棟樓之間都有樓梯相連接，我們很快就到了位於另一棟樓的工商管理系辦公室。當時還沒到上班時間，所以人不多。和幾位泰國老師打了招呼，陳老師把我帶到系主任辦公室，準備和我談下一步的工作安排和工資待遇等事宜。本來，在來泰國之前，我就已經詢問過薪酬問題，但當時系裡只說以泰國合同制教師待遇作為我工資的標準，因此我沒有進一步追問。系主任很隨和，也是四十歲出頭的樣子，短髮齊肩，面部表情不多，但透著一股威嚴。在簡單自我介紹後，我出示了相關學歷證明和其他的一些文件。主任仔細看完後，笑嘻嘻地對我說：因為你是本科學歷，按規定，在大學任職必須是碩士以上學歷，鑑於你所教授科目特殊，又是來自母語國家，所以大學破例把你招收進來。但工資標準只能按照普通文員或者助教標準來發放，你看你有什麼問題嗎？簡單幾句話，我已經有一種不祥的預感湧上心頭。我小心翼翼地問：那具體是多少錢一個月呢？系主任點點頭，拿出一份工作人員工資標準表，從上往下找了半天，終於在倒數第三行看見屬於我的那個標準欄，然後她把表格遞給我，讓我自己看。正所謂人生處處有驚喜，可是當我看到工資欄裡寫著「六千七百四十銖」的時候，我覺得我是受到了驚嚇。沒有搞錯吧？我狐疑地抬頭看著她，但她給了我一個堅定的眼神，意思是說沒有搞錯。我第一次感受到了什麼叫欲哭無淚。

來泰國工作，的確是機緣巧合。還記得那是一年以前，我們大學接待了一批泰國留學生，當時輔導員讓我們十五位同學負責這些留學生的起居飲食，還要在業餘時間幫助他們提高中文水平。泰方帶隊的老師便是工商管理系的副主任占他汪老師。在交流即將結束的時候，占他汪老師問我想不想來泰國當老師。我當時不假思索地就說當然想。沒想到說者無心，聽者有意，一年後的今天，我真的來到了泰國，也真的當了老師。可讓我沒想到的是，我的工資標準竟會這麼低，這實在讓我無法接受。但是，事實就是這樣，我只能選擇接受。

從系主任辦公室出來，陳老師已經幫我辦完了所有的入職手續，只等著我簽字。我拿著筆，一股酸楚從心底湧上來。陳老師看著我，語重心長地對我說：你要活下去，就必須在外面找補習學校，賺點外快。只有這樣，才能保證正常的開銷，才不會被餓死。就是這樣一句話，徹底改變了我今後的泰國生活，也就是從那時起，我腦海裡再也沒有過週末這個概念。這種情況一直持續到今天。

但在剛開始的時候，想找一家補習學校是很難的。大多數學校都只聘請有經驗的老師，像我這樣的生手，多數都是要吃閉門羹的。記得有一個月的三十一號（大學是每月 1 號發薪），我早上穿戴好出發去上班，到了車站才發現身上只有四十銖，連車費都不夠。萬般無奈之下，我只能選擇請病假，理由是被車撞了。之所以選擇這個藉口來請假，是因為病假需要醫生證明，而開一個醫生證明至少需要二百銖。說被車撞，只要不嚴重，就能順理成章地在家休息。回到家，我一頭栽倒在床上，過了許久，迷迷糊糊地聽見外面傳來大喇叭的聲音，仔細一聽，才知道是收舊家電的。我翻身起床，看了看屋裡，只有一個電扇、一個買來不久的電飯鍋和一個熱水壺能算得上是電器。電扇和熱水壺是萬萬不能賣的，一個是解暑用的，一個要拿來燒水泡麵。只有電飯鍋了！我拿著鍋衝了出去，一番討價還價後，我攥著二百五十銖走進了 7-11 便利店。買了一碗泡麵、三瓶啤酒、一包煙還有一卷手紙後，手裡只剩下七十銖。我回到家，吃完泡麵，然後打開啤酒就喝，一口氣喝完了所有啤酒。那天喝醉了，睡了整整一天。直到第二天早上工資到帳了，我才又去上班。這個經歷，我至今難忘。

不打不相識

到泰國第三年，一切都步入正軌，我換了一個工作單位，收入也增加了許多。這時的我已經能夠用熟練的泰語和泰國人對話了，因此也結交了許多泰國朋友。就在這期間，我接到了泰國某政府部門的邀請，讓我利用週六日的時間去幫公務員補習中文。說是補習，實際是從頭教起，因為他們中很多人都是零基礎。在此之前，我基本上沒有和政府公務員打過交道，但我知道，這個工作不輕鬆。經過兩週的認真備課，我底氣十足地走進了政府大樓，開始了為期一年的教學工作。

第一天去，才知道我負責的總共有兩個班：一班和二班。一班的學員年齡偏大，很多人都身居要職；二班的學員相對來說較為年輕，多數是剛剛參加工作不久的俊男美女。一班週六上課，從早上七點半開始，一直到下午五點半結束；二班是週日上課，課時相同。第一次走進一班教室的時候，我就覺得有一種莫名的壓抑感籠罩著課室。大部分人都面無表情，就連我從他們身邊經過，他們也是對我視而不見。等了一會兒，我起身準備上課。第一堂課我準備的內容是介紹中文基礎知識，順便再講解一些簡單的中國文化，讓他們對中國以及漢語言文化有一個大致的概念。就在我興致勃勃地講解中國風俗的時候，一個「大叔」很生硬地打斷了我，向我提了一個讓我感到很難堪的問題：為什麼中國的衛生間都那麼臭，難道中國人都很喜歡那個味道嗎？還有，為什麼中國人講話總是那麼大聲，讓人覺得是在吵架，而不是說話。話音剛落，班上的其他學員就開始竊竊私語起來。有的人甚至雙手抱在胸前，看著我冷笑。雖說我當時年紀不算大，但這一番話足以讓我怒火中燒。我稍微定了定神，目不轉睛地看著剛剛對我提問的「大叔」說道：「剛剛提到的兩個現象在我的國家的確存在，我不否認。但在我看來，一個國家的文明程度是不能僅僅拿洗手間來作為判定標準的。中國人口眾多，不可能保證每一個人都擁有極高的素質，但是中國的政府職能部門從沒有放棄過改變這一狀況。當你在中國的時候，你是不會為找不到廁所而發愁的，因為我們的政府為了杜絕隨地大小便這種不文明現象，在公共場所設立了很多的公共衛生間。雖然可能有些地方的衛生間不是那麼幹淨，但至少解決了眾人的燃

現在的馬藝

眉之急。」我頓了頓，接著說：「我來泰國三年了，每次我內急的時候，我都只能去最近的加油站或者商場超市的衛生間，因為只有這幾個地方有公用廁所供人使用。如果剛好附近沒有加油站或者商場超市，我就只能選擇忍耐，當然，我還可以選擇就地解決。慶幸的是，到目前為止我還沒有遇到過這種比較尷尬的狀況。但在很多時候，我的的確確看到過有的泰國出租車司機因為找不到公廁而在路邊就地解決。那麼請問，你們大家認為是在環境較差的公廁裡方便比較文明些，還是在眾目睽睽之下方便文明些呢？」我一口氣說完這些話，頓時覺得輕鬆了許多。再看他們，一個個面紅耳赤，有的張著嘴巴想說話，但始終沒有發出聲音。我和他們就這樣僵持了很久，直到有一位五十歲左右的阿姨站起來打圓場，這場「戰鬥」才算是告一段落。

接下來的時間，我還是認真地講我的課。午飯後，那個「大叔」找到了我，他拍拍我的肩膀，然後對我說：「你是第一個敢和我這樣講話的年輕人，而且是一個外國年輕人。但是我很佩服你敢說敢講的這種勇氣。我為我剛才所說的向你道歉。」說完他伸出手，我也馬上和他握了握手。一場矛盾就這樣化解了。事後很長時間我才知道，那位「大叔」是一位副部長，位高權重，在部門裡很有威信。現在想想，我仍然覺得我當時沒有做錯什麼，兵來將擋，水來土掩。人活著不就是爭一口氣嘛！當年我年輕氣盛，現在我已然不年輕了，但「氣」還是有的。

由於篇幅有限，我暫且和大家分享這麼多吧。其實，我還有很多故事想和大家說，有哭、有笑、有悲、有喜，總之五味俱全。誰的人生不是這樣的呢？大家各自有各自的故事，如果有機會的話，我們再一起分享吧。

人物篇

我所認識的泰皇普密蓬·阿杜德

段立生
（中山大學教授、雲南大學泰國研究中心首席專家）

二〇一六年十月十三日，泰國王宮宮務處發布公告，國王拉瑪九世普密蓬·阿杜德逝世，享年八十九歲。泰國舉國悲痛。

普密蓬·阿杜德是泰國曼谷王朝第九世皇，號稱拉瑪九世，一九四六年登基，在位七十年，是泰國有史以來在位最久的一位國王。他勤政愛民，敦厚仁慈，學養豐富，神武睿智，深受泰國人民的愛戴。根據泰國憲法規定，國王是泰王國的國家元首、武裝部隊的最高統帥和宗教的最高護衛者。國王至高無上，任何人不得侵犯或在任何方面指責國王。國王通過國會、內閣和最高法院行使國家權力。泰國的政體是君主立憲制，有君主，但不專制；憲法為大；政治上朝著民主、法治的方向不斷進步。

我作為一名專職研究泰國歷史的中國學者，先後在泰國工作、生活了十餘年，其間有機會多次與泰皇接觸，他的人格、品行、學識、風度、思想、氣質給我留下深刻的印象，刻印在腦海之中，永難磨滅。如今，這一幕幕如電影鏡頭般浮現眼前。

（一）

我第一次見到泰皇普密蓬・阿杜德是在一九八三年。我應邀到清邁大學歷史系講學一年，是中泰建交後第一個被派到泰國講學的中國教師。那天，泰皇到清邁大學視察，全校師生列隊歡迎。我亦站在歡迎隊伍中,心想：國家元首駕到，一定有很大的排場。平時看慣中國古裝戲曲，皇帝出場，前呼後擁，十分了得。李白詩曰：「誰道君王行路難，六龍西幸萬人歡。」奇怪的是，泰皇來到的時候，輕車簡從，一點兒也不威風。他身著一身米色西裝，由校長陪同，款款而行。我迎上前去，給他拍照，也不見有人出面阻攔——似乎沒有保鏢警衛，或許是見我是外國人而格外開恩，我一時也弄不明白。總之，我覺得他很平易隨和，這就是第一次見面的印象。那年泰皇五十六歲，年富力強。

後來，與清邁大學毗鄰的泰國山民研究中心請我去作《泰國的木賒與雲南的拉祜族》的學術講座。泰國的山民就是我們所說的少數民族。泰國除了主體民族泰族居住在河谷平地外，其他少數民族皆住在深山老林，故稱山民。因此，我便有機會隨他們進山考察。清邁以北的山區就是盛產鴉片的「金三角」，位於湄公河沿岸的泰、緬、老交界處。泰皇普密蓬・阿杜德在那裡推行「替代種植」的政策，即出錢出力鼓勵山民用經濟作物替代傳統的鴉片種植。山民研究中心的朋友帶我來到一座小山頭上，告訴我說，泰皇曾親自來到這裡，和山民們一起規劃，將漫山遍野的罌粟花剷除，種上橡膠樹苗。此事已經過去若干年，如今膠樹已有一人多高，膠農還在娓娓追述那天泰皇來時的情景，記憶猶新。

（二）

一九九三年，泰國華僑報德善堂董事長鄭午樓先生邀請我去泰國協助創辦華僑崇聖大學，我因此在那裡工作了八年。由於鄭午樓先生的引薦，我有緣多次與泰皇接觸。

鄭午樓先生與泰皇關係非比尋常，因為他既是著名的僑領，又是金融巨擘，身兼數職，經常需要覲見泰皇。泰皇對午樓先生亦很倚重，許多事情都向他徵詢意見。他們之間私交甚篤，每逢午樓先生過生日，泰皇都要召他全家進宮，以示祝賀。

有一次，我隨午樓先生進宮。本來，曼谷王朝從一世皇到八世皇都居住在湄南河畔的大皇宮，一九四六年八世皇在大皇宮遇刺身亡後，九世皇就搬到新建的集拉達皇宮居住，將大皇宮留作旅遊觀光勝地。集拉達宮與大皇宮的建築風格和樣式完全不同，大皇宮十分雄偉，色彩斑斕，極盡奢華；集拉達宮則比較低調，不彰顯，所有建築物都掩蓋在綠蔭叢中。集拉達宮外面由一道四方形的城牆包圍起來，沿著城牆是一條人工挖掘的護城河。每隔一段距離設有崗亭哨所，由持槍衛兵守護。四面皆有大門，門前是跨越護城河的通衢大橋。進宮需要事先批准和預約，驗明身分後，我們乘坐的汽車按規定的時間、循規定的路線緩緩駛進皇宮。皇宮的面積很大，有稻田，有菜畦，有牧場，有乳牛……完全像來到農村一樣。正當我顯露出一副驚詫莫名的樣子時，同行的朋友告訴我，國王在皇宮裡搞農業試驗田，皇宮衛士充當農業工人。這使我想起一句唐詩：「聖主躬耕在籍田，公卿環衛待豐年。」泰皇跟中國古代的天子一樣，都承襲了重農務本的傳統。

泰皇普密蓬‧阿杜德擁有中國血統，這是眾所周知的事實。他的母親詩納卡琳皇太后祖籍中國海南，一九〇〇年出生於泰國的華人家庭。其父從事金箔製作，家境富裕。她十七歲時被送往外國留學，學習護士，遂有緣結識瑪希隆王子，並於一九

詩納卡琳皇太后的中國式葬禮

二〇年與王子結成連理。她善良、堅強，具有非凡的人生閱歷，是八世皇和九世皇的生母。她樂善好施，深受泰國民眾的敬愛。她活了九十多歲，去世時全國哀悼，在曼谷皇家田搭棚治喪，歷時百日。下葬的時候，泰國的華僑華人還專門按照中國的傳統儀式為她舉行下葬禮。詩琳通公主手捧皇太后骨灰盒走過望鄉橋。所有操辦喪事所需物件，如經幡紙錢等，都是鄭午樓先生專門派人去香港採購的。儀式隆重莊嚴，數千泰華僧俗參加，我們華僑崇聖大學的師生也參加了悼念活動。

（三）

一九九〇年十二月六日，在籌備泰國華僑報德善堂八十週年堂慶的會議上，鄭午樓董事長宣布，準備將報德善堂轄下的華僑護理學院擴大為綜合性的華僑崇聖大學。他率先以先父鄭子彬的名義捐獻一億泰銖（400 萬美元）作為建校經費。此話一出，石破天驚，泰華企業家踴躍輸將，很快就湊足建校資金八億銖，還不包括報德善堂捐出的一百四十萊（350 畝）校園土地的地價在內。午樓先生利用他個人和泰國皇室之間的親密友好關係，把華僑崇聖大學創辦的情況如實上奏泰皇，泰皇親自為這所大學定了一個泰文名字：

มหาวิทยาลัยหัวเฉียวเฉลิมพระเกียรติ　。

午樓先生在感恩慶祝酒會上說：「我們在泰國

落地生根的華僑華裔，深切感念寵蒙泰皇陛下的聖德庇蔭，才能獲得安居樂業、發展繁榮，過著太平愉快的生活。所以，我們應該對泰皇陛下表達崇敬盡忠，對泰國的恩惠有所回饋、有所效勞。同時，我們又感到教育的重要，育才造才是一個國家的基本要務，為了對國家的教育有所貢獻，也為了維護及溝通中泰兩族優良的文化傳統，發揚我們東方儒釋哲學的偉大思想，並融合西方的文明、先進的科技學問，所以才發起倡建這個大學。」

午樓先生提出以「崇聖報德」作為華僑崇聖大學的校訓。一方面，「崇聖」是指華僑崇聖大學，「報德」是指華僑報德善堂。兩個單位有機結合在一起，說明華僑崇聖大學是由報德善堂基金會創辦的。更重要的另一層含義是，「崇聖報德」四個字指出了培養學生的方向，就是要教育學生崇敬皇室，崇敬以儒家和佛家為代表的東方傳統文化，學習西方現代科技文明，以便將來報答國家和人民的養育之恩。

「崇聖報德」四個中文字，經詩琳通公主親筆書寫，鐫刻在校門石牌樓的背面，使全校師生出入校園時舉目可見，永遠銘記。

一九九四年三月二十四日，泰國華僑崇聖大學舉行隆重的揭幕儀式，泰皇普密蓬・阿杜德親臨參加，北京大學季羨林教授、香港著名學者饒宗頤、美國加州大學校長田長霖、台灣攝影大師郎靜山、後來的諾貝爾獎獲得者高琨等碩學名儒應邀出席。

臨近正式揭幕的前一個星期日，午樓先生率領所有捐一千萬銖以上的泰華企業家，以學校創辦人的身分到校園裡視察。他們沿泰皇將要經過的路線演習一遍，唯恐有什麼差錯，連大禮堂的台階偏高，都叫人重新修過。午樓先生那年已經八十高齡，依舊登高攀下，不辭辛勞。從午樓先生身上，可見華僑華人對泰皇的尊敬與愛戴。

三月二十四日下午，從挽那至達府的高速公路上，十里彩旗不斷。川流不息的車輛，把數以萬計的人載到華僑崇聖大學參加揭幕慶典。在鄭午樓先生捐贈一億銖建起來的大禮堂裡，一千多個座位座無虛席。寬敞的舞台上，臨時支起一百二十張椅子，供校董會成員和贊助人就座。舞台正中是泰皇陛下的御座，左側是香案佛龕，僧王親率數名高僧在那裡盤膝而坐，準備誦經。舞台四周飾以鮮花綵綢，光彩奪目。

下午四點十五分，國歌乍起，泰皇普密蓬・阿杜德在鄭午樓先生的陪同下步入會場，全場起立相迎。音樂停，場內一片沉寂，靜得彷彿能聽見自己的呼吸。泰皇行至佛龕前，合十膜拜，親自點燃蠟燭。霎時，梵音四起，僧王率眾唸經，氣氛肅穆。及至泰皇坐下，誦經之聲戛然而止。

鄭午樓先生以華僑崇聖大學籌建委員會主席的身分致詞，報告建校經過。校董會代表甲森博士講話，談學校現狀和遠景規劃，獲全場鼓掌通過。

接著，泰皇走出會場，與守候在禮堂外的數萬群眾見面，並為聖大紀念碑揭幕，親手種下一株菩提樹；然後返回會場，向捐款一千萬銖以上的聖大發起人頒發紀念品。簡短而隆重的揭幕式遂告結束。

隨後，鄭午樓先生引路，陪泰皇和貴賓參觀學校的崇聖紀念館。這座紀念館是由泰華慈善家謝慧如先生捐資修建的。大門上端懸掛著詩琳通公主親筆書寫的四個中文大字：崇聖報德。泰皇問旁邊的人：「公主的字寫得怎麼樣？」大家齊聲讚好，泰皇面帶喜色。

崇聖紀念館通過圖片和實物展示了中泰文化交流史。泰皇對每件展品都很關注，當他得知最早一位將中國著名小說《三國演義》譯成泰文的人並不懂中文時，大吃一驚，指示要組織人力重新翻譯這部在泰國影響極大的小說。泰皇還仔細詢問了早期潮州人移居泰國所經過的路線。泰皇說，西元十三世紀訪問中國的意大利人馬可・波羅，很可能也到過泰國。泰皇濃厚的興趣使他在紀念館停留的時間超過原定計畫二小時，數千學生和家長依然秩序井然地在外邊恭候。泰皇特別接見了來自中國的客人。當他得知來自台灣的郎靜山老人已經一百零四歲了，便向其詢問養生之道，平常吃些什麼。郎老回答說：「兩條腿的東西不吃——是人；四條腿的東西不吃——是桌子；天上的東西不吃——是飛機；海裡的東西不吃——是潛水艇。一切聽其自然，不去勉強。」午樓先生把郎老的話譯成泰文，

泰皇普密蓬參加華僑崇聖大學揭幕儀式。

泰皇聽了哈哈大笑。

送走泰皇，已是晚上七點。饒宗頤先生頗有感觸地說：「經過這次慶典，方知莊嚴為何物。」佛家所謂的莊嚴，包含功德與文飾兩層意思。

（四）

泰皇參加華僑崇聖大學的揭幕慶典後，親自給華僑崇聖大學下達了兩個科研題目：（1）西元十三世紀意大利旅行家馬可・波羅是否來過泰國；（2）泰南華人聚居區的研究。

關於第一個題目，泰皇不知在哪本書裡看到，馬可・波羅受忽必烈汗之托，曾到泰國打探虛實。華僑崇聖大學的校長把這個題目交給我做。說實在的，儘管我們過去對馬可・波羅的事蹟耳熟能詳，也知道他所遊歷的一些國家和地區，卻從來沒有想過他是否到過泰國，一時也拿不出什麼證據。接到任務之後，我只有把《馬可・波羅遊記》的五種中文譯本找來作對比研究。歸納起來，馬可・波羅的行程主要有：

1・由歐洲經陸路至中國。

2・由元大都（北京）經四川、雲南到緬甸、老撾。

3・由元大都順運河南下到達揚州、蘇州、福州、泉州等江南一帶。

4・出使印度和東南亞地區。

5・由泉州經海路回威尼斯。

如果說馬可・波羅真的到達過現今泰國地區的話，那麼很有可能是在上述行程中的第四項，即出使東南亞的時候。

馮承鈞譯本《馬可・波羅行紀》下冊第一百六十三章說：「自爪哇首途向南航行七百哩，見有二島，一大一小，一島名桑都兒（Sandur），一島名昆都兒（Condur）。此處無足言者，請言更遠之一地，其地名稱蘇哈惕（Soucat）。」馮氏在蘇哈惕下作注曰：「案：地學會法文本亦作 Lochac，與剌木學本合，則此本所著錄之 Soucat，應誤——鈞案：此下沙氏歷引羅越、羅斛、羅剎諸說，皆未加以論斷，此地或屬暹羅，以崑崙山等島並屬傳聞之地，故語皆不詳也。」

與上面引文相同的一段文字，在陳開俊等人譯本《馬可・波羅遊記》第三卷第七章中說：「離開爪哇島，向南和西南之間的航線航行一千一百二十六公里，就可以到達兩個島嶼，大的叫桑杜島（Sondur），小的叫康杜島（Knodur），這兩個島嶼渺無人煙，所以沒有必要多費筆墨。從這兩個島回去東南方向航行 80 公里，又可到達一個廣闊而富饒的省份，這個省是大陸的一個組成部分，名叫羅斛國（Locac）。」

這裡所說的羅斛國，就是西元十二到十四世紀以現今泰國的華富裡（Lopburi）為中心的一個古國，足見馬可・波羅確實到過泰國地區。我將研究結果寫成《馬可・波羅的羅斛國之行》一文，在泰國發表，並經校方轉呈泰皇。

至於泰皇下達的第二個科研題目，鄭午樓先生十分重視，由甘妮咖校長牽頭，組成一個課題小組，包括原泰國國家博物館館長巴通、泰國著名學

者普彤和我本人等，專程赴泰南格龍清居民聚居區考察。泰國軍方派直升機載我們去到交通不便的地區，收集了大量的考古文物資料，撰寫了《格龍清和普槐清居民聚居區的形成——華人：歷史、文物、居民和文化》調查報告，被《古城》雜誌稱讚為「迄今為止泰國最好的一部學術著作」。一九九八年三月十日，詩琳通公主在皇宮發展邊疆大廈接見了科研組的全體成員，並對她的學術秘書說：「以前誤認為對媽祖的信仰跟道教有關，其實錯了。段立生教授在書裡對媽祖的來龍去脈說得十分詳細，沒有人有他說得清楚。澳門叫媽閣，也跟媽祖有關。」（見曼谷《亞洲日報》佛曆二五四一年三月二十二日版）

泰皇和公主對學術研究這樣重視，是對中泰學人的激勵和鼓舞。他們淵博的學識、孜孜不倦的好學精神，亦是中泰學人的楷模。

俗話說，「見微知著」，從上面幾樁我親身經歷的小事，可以感受所包含的含義之大。

二〇一四年四月，段立生教授（第三排正中）參加北京大學為慶祝中泰建交四十週年暨詩琳通公主六十華誕舉行的「泰學研究在中國」學術研討會。

當之無愧的友好使者

——記詩琳通公主榮獲

「中國緣・十大國際友人」稱號

管　木

（中國前駐泰國大使）

二〇〇九年十一月下旬的一天，結束了接待國內領導人訪泰後，我正在趕往機場準備返回曼谷的路上。這時，我的手機鈴聲響了，是一位媒體朋友從曼谷打來的。她稱剛剛獲悉一條重要消息，詩琳通公主殿下被評選為「中國緣・十大國際友人」，希望對此予以核實。我當時雖尚未得到國內主辦單位通知，情況不明，但堅定地表示，詩琳通公主殿下是中國人民的親密朋友，長期為中泰友好作出了突出貢獻，她的名字在中國家喻戶曉，早已為中國人民所熟悉。她獲此榮譽是我們的願望，也應是我們能夠預想到的結果。

二〇〇九年十二月八日，中國全國政協主席賈慶林在北京人民大會堂會見泰王國詩琳通公主等「中國緣・十大國際友人」當選者和當選者代表或親屬並與他們合影。（供圖：中新社）

二〇〇九年是中華人民共和國成立六十週年大慶之年，中國政府和各界都組織了隆重熱烈和異彩紛呈的各種慶祝活動。其中，由中國人民對外友好協會協同中國國際廣播電台、外國專家局聯合舉辦的「中國緣・十大國際友人」網絡評選，就是一項十分重要和影響廣泛的活動。這項評選活動旨在紀念和表彰為新中國的成立和建設作出過卓越貢獻的國際友人。由於評選活動通過互聯網投票進行，群眾參與十分廣泛，也非常踴躍。根據最後統計，上網投票的人數多達五千六百萬。評選結果公布後，在獲選者名單中，詩琳通的名字赫然在目。其他九位獲選的國際友人是白求恩（加拿大）、拉貝（德國）、薩馬蘭奇（西班牙）、斯諾（美國）、李約瑟（英國）、愛潑斯坦（波蘭，後入中國籍）、路易・艾黎（新西蘭）、柯棣華（印度）、平松守彥（日本）。

我回到曼谷後，即第一時間向國內有關部門核實上述消息，得到確認後，我立即正式通報給詩琳通公主，並向她表示衷心祝賀。未幾，我們得到通

知，中國主辦單位將於十二月八日舉辦「中國緣・十大國際友人」頒獎典禮。詩琳通公主殿下被邀請前往北京出席典禮並接受稱號。這時，我們擔心的是時間已非常緊迫。公主殿下一向十分繁忙，活動日程往往都安排到了一個月以後。而且，在北京舉行典禮的時間與泰國慶祝國王陛下壽辰暨國慶系列活動的時間也非常接近，甚至可能重疊。就在我們為此而焦急等待的時候，公主辦公室很快傳來消息說，公主殿下對她的原定日程作了重大調整，決定專程前往北京參加典禮，活動結束後當天即返回曼谷。聽到這個消息，我感到如釋重負，我們即刻就公主此行開始了緊張的協調安排。當時我們犯嘀咕的是，公主決定「當天往返」，來去十個小時的飛行，加上在北京的一系列重要活動，需要耗費多大的精力和體力，她的身體能吃得消嗎？事後，公主在談到她當時的心情時說：當得知獲選「中國緣・十大國際友人」後，我特別注意到其中多數人都已故去，健在的僅有兩人。另一位健在的也已因年邁體弱坐上了輪椅，而唯獨我一個人仍然健康，精力和體力尚較充沛。鑑此情況，我更要親自前往北京參加這場具有重要意義和影響的活動，以不辜負中國的組織者和廣泛參與的中國民眾。公主最終決定乘專機於十二月八日凌晨五點起飛前往北京。

八日凌晨四點剛過，我就匆匆出發前往廊曼機場為公主送行。十二月的曼谷已進入涼季，凌晨四點多離天亮還早，空氣裡明顯感覺有絲絲涼意，但我被詩琳通公主這種可貴的精神深深感動，覺得心中蕩漾著一股股通心透體的暖流。當公主抵達並出現在機場貴賓室後，她滿臉綻放的微笑一直感染著所有在場的人們，讓大家共同分享這份特別的喜悅和快樂。

抵達北京後，公主殿下就馬不停蹄地開始了繁忙的一天。時任中國全國政協主席賈慶林親切會見了詩琳通公主殿下和當選的「十大友人」親屬或代表，並單獨向公主殿下頒授「中國緣・十大國際友人」獎章和證書。賈慶林主席滿懷深情地說，中國人民沒有忘記在新中國成立和建設過程中給予我們幫助的各國朋友，「中國緣・十大國際友人」評選活動得到了中國民眾的積極參與，引起了強烈反響。這是中華民族重情感恩、不忘朋友傳統美德的集中體現。詩琳通公主回應說：雖然今年我已訪華三次，但得悉自己獲得「中國緣・十大國際友人」稱號，心裡特別高興和興奮，感到獲此獎項意義非

二〇一〇年三月八日晚，中國駐泰國大使館和泰中友好協會在使館聯合舉辦慶賀詩琳通公主榮獲「中國緣・十大國際友人」獎晚宴。圖為詩琳通公主（右）和中國駐泰國大使管木在晚宴上。（供圖：中新社）

凡，遂決定親自來華領獎。在頒獎典禮上，詩琳通公主殿下代表全體當選者用中文發表致詞。她說，這次評選活動表明，中國人民一直沒有忘記曾經幫助過中國的老朋友，這些國際友人始終被中國人民銘記於心。她還說：我曾從書本上或別的渠道了解到其他當選人的事蹟，覺得他們都是值得尊敬的人。我為自己能夠與他們一同當選而感到驕傲和自豪！

結束北京一天的繁忙活動，詩琳通公主按計畫即於當天乘飛機返回曼谷，抵達時已是子夜時分。在迎候公主時，我心裡還在想著公主「當天往返」的事，她一定疲勞至極，不知走下飛機時將是一番什麼樣的情景。讓我沒想到的是，剛剛走下飛機的公主殿下依然步履輕盈，精神抖擻，看不出有任何疲態和倦意。我想，這應該就是「詩琳通精神」吧。後來我幾次同公主見面，她都愉快地回憶起這段往事，言語中仍然透著一份滿足和自豪。公主

晚宴前，詩琳通公主興致勃勃地揮毫寫下「志存高遠」四個毛筆字。右 1 為管木大使。（供圖：中新社）

說：多年來我得到的外國各種榮譽稱號難以數計。尤其感謝中國人民的深厚情誼，他們也給了我很多榮譽。而我最為珍重的還是「中國緣・十大國際友人」這個稱號，因為它承載的是中國廣大民眾對我為泰中友好所作努力的褒獎和鼓勵。

泰國政府對詩琳通公主殿下榮獲「中國緣・十大國際友人」稱號也非常重視，並在總理府舉行了專場慶祝大會。泰國時任總理主持大會，並在致詞中高度評價詩琳通公主殿下為國事殫精竭慮、為泰中友好竭力傾心的精神，稱她的功績將為泰中兩國人民所銘記。大會現場展出了詩琳通公主殿下獲得的「中國緣・十大國際友人」獎章和證書，以及公主歷年訪華的圖片，同時，還精心布置了代表中泰傳統文化的景觀模型，播放了記述中泰友好的電視片，滿場都洋溢著「中泰一家親」的濃濃情誼。

與此同時，中國大使館聯合泰中友好協會，也在使館隆重舉行了慶祝詩琳通公主榮獲「中國緣・十大國際友人」稱號大會。公主殿下親自出席，並在大會上用中文發表致詞。她說：我曾經寫過一首詩：「中泰手足情，綿延千秋好。採花相餽贈，家國更妖嬈。」這首詩足以表達我的心情和願望。我衷心感謝中國人民對我的認可和厚愛，也十分珍惜作為中國十大國際友人的榮譽。我會繼續為推進泰中友誼而竭盡全力，作出更大的貢獻。

漢語學習與 Mr. Chengdu

關國興
（成都大學外國語學院泰國專家、成都大學國際合作與交流處泰國部主任）
張倩霞 譯

我出生在泰國曼谷，從記事起，我和我的家人就被鄰居家的朋友稱為「中國人」。我的父親是中國廣州人，至今未加入泰國國籍，但我的母親卻是地道的泰國人。那時候，我的爺爺奶奶年事已高，他們之間的交流用廣東話，父親和親戚朋友在家也用廣東話聊天（小時候，我分不清什麼是漢語普通話、什麼是方言，長大之後才知道他們說的是廣東話），說了些什麼，我也聽不懂。而家裡的其他成員之間，比如父親和母親、我們和母親、我們兄弟姊妹之間都用泰語交流。從小我就知道我們家與眾不同，因為在我家所住的椰子園村裡，只有我們家有人會說漢語，也只有我們家會祭拜中國廟、祭拜月亮、過農曆春節。當然，我最喜歡的是春節時發的紅包。

儘管椰子園村是泰國人聚集的村子，但也有供奉著中國神像的廟。每當有廟會活動的時候，就會有中國的戲劇表演供大家欣賞。從劇團工作人員開始敲鑼打鼓，我就拿著椅子去占位子，並自始至終看完表演。村裡的泰國人也來，但也就是待一會兒，因為他們聽不懂。他們說，祭拜神仙的戲劇是表演給神仙看的。所以，等表演完畢，一般就只剩下我和來自其他地方的年齡比較大的泰國華人，全部加起來也不超過十個人。當然，我也聽不懂，但我喜歡他們的打扮、唱腔和音調。戲劇中所使用的漢語不是我們家所說的廣東話，沒有一句話是我所熟悉的內容。

小學階段，就讀於當地的一所普通學校，學校的師生大部分是泰國人。之所以說大部分是泰國人，因為還有不少沒有使用原中國姓氏的華裔，而我從小就使用中國人的姓氏——關。那時我發現，朋友們說的漢語和我說的發音是不同的，長大之後，我才知道他們說的是潮州方言。

我的母親在姑姑家附近的巷子裡做點小生意，那條巷子裡居住的大多數是中國潮州人。放假的時候，我會幫母親賣東西，巷子裡的人都用我聽不懂的潮州話聊天。有趣的是，儘管我的母親是地道的泰國人，但因為長期在那個區域做生意，多年以後母親已經能說許多潮州話了。

那個巷子裡經常會播放中國歌曲，我經常聽，慢慢變得十分熟悉，也喜歡那樣的音樂、那樣的旋律，雖然根本不知道唱的是什麼。那時的我，非常想知道歌曲的內容到底是什麼意思。去請教大人們，他們卻總是微笑著說這是用漢語普通話唱的歌

泰國廟會上的潮州戲

曲，他們是潮州移民，也一樣聽不懂，之所以播放這些歌曲，是因為他們是或曾是中國人。有一些華裔家庭的老人喜歡在家聽戲劇。我放學後幫助母親賣東西，也就有機會一會兒聽中國歌曲，一會兒聽戲劇。

我喜歡去村子的廟裡玩，認認真真地看各種各樣的神像，雖然看了之後也不知道是誰，是什麼神。廟裡的牆上畫著許多圖畫和漢字，我很想知道怎麼讀，代表什麼含義。特別是廟裡有活動的時候，就會有老人來寫漢字。他們不用鋼筆，而是用毛筆寫字。我們學校裡有用毛筆畫畫，但他們用來寫漢字的毛筆和我們畫畫的毛筆不同。我喜歡站在旁邊看他們寫漢字，也想自己去寫一寫。

我父親不曾教過我說漢語和寫漢字。在那個年代，人們也不能公開學習漢語，只有少部分人能去老師家裡偷偷地學習，學費也十分昂貴。我高中的時候開始思考，等我畢業時，一定要懂得一門外語，這樣和其他同學比起來我才有優勢。我認真分析，當時英語是必修課程，我的英語水平也基本夠用，就算我把英語學得更精通，也一定有人比我的英語更好。為了減少競爭對手，我必須學習另一門外語。我左思右想，覺得應該學漢語，因為這是我從小就喜歡但一直沒有機會學習的語言，這次我一定要試一試。

我去書店尋找漢語教學的書籍，發現種類很少。有些書不太看得懂，有些書被書店用塑料袋包裝起來不允許打開，價格也很貴。最後，我找到了一本被放在角落裡的《七十六小時快速學漢語》，雖然看上去不太值得相信，但翻了翻感覺容易理解，價格也便宜，於是我就買了。我按照書上的要求，每天至少花二到三小時背誦詞彙和練習寫漢字。沒有人教我應該怎樣寫漢字，我便用繪畫的方式來寫。到了高三，我把所有空餘的時間都用來練習寫漢字、說漢語（練習普通話發音），並根據書上的例子照著鏡子練習對話。上學時我原本喜歡坐前排，但後來只要是社科或文科類的課程，我就跑到後排坐去，當覺得老師上課無聊的時候，我便會偷偷在桌子底下練習寫漢字。每當我認真學習漢語的時候，總會有些朋友取笑我，問我學來幹什麼，學好了要去做導遊還是去演戲。那時候，我也不知道學會漢語之後要用來幹什麼，但我堅信以後找工作的時候，會英語和漢語兩門外語的我比其他人更具有優勢。高中畢業的時候，我已經可以用漢語寫短文，也能進行簡單的對話了。我不知道我說得對還是錯，但我知道我能根據漢語教材的要求來說漢語。

我繼續自學漢語，直到一九九四年大學畢業。事情的發展沒有讓我失望，因為能講漢語，我十分輕鬆地就找到了一份不錯的外企的工作。我面試的那家外企，需要懂三種語言，即泰語、漢語和英語。由於有語言的優勢，我實習期間便拿到了相當於大多數應屆本科畢業生 2.2 倍的工資（我的實習工資為九千銖，按當時 1:3 的匯率，大約為三千元人民幣。當時本科生就業平均每月的工資大約為 3500-4000 銖）。

三年後的一九九七年，泰國遭遇了金融危機，泰銖與美元的匯率從 1:25 變為 1:54。當時，我已是一家有上千員工的大型公司的人事部經理，儘管在這場危機中不會受太大的影響，但我想從事有更大挑戰的工作。我將這次危機視為機遇，在國際貨幣匯率浮動的形勢之下，從事可以創匯的工作才更具挑戰。我和朋友商議後發現，國際旅遊業是那時最容易創匯的事業，且至少可以持續十到十五年。於是我考取了導遊職業證書，在工作的同時不斷研究旅遊業務。我還撰寫文章公開表達自己的一些觀點，慢慢地在網上有了自己的專欄，後來被泰國導遊協會主席維倫・斯巴森他南（Viroi Sitprasertnan）先生聘為協會顧問，負責為協會及整個泰國旅遊界的從業人員進行專業培訓。我還應邀去中國的大學做講座，與師生們分享有關中國旅遊、歷史、文化的知識。

中國四川

上世紀九〇年代初的中國，入境游還處在成長階段。這一時期是中國進入亞洲旅遊大國之列的關鍵時期，我獲邀前往中國四川省做講座，講解泰國人出境游情況，教當地旅行社怎麼接待泰國遊客，怎麼用泰語和泰國人理解並喜歡的方式講解中國歷史、文化與旅遊景點。儘管當時的泰國經濟不景氣，但中國春、秋季節，入境的泰國遊客很多。那時四川的九寨溝對於泰國人而言，是一個全新的旅遊景點，四川省也沒有能夠說泰語的導遊，需要從雲南省聘請、動員導遊去四川幫忙。可是，雲南來的導遊對四川的概況、歷史以及景點不了解。所以，四川省的旅行社便請我去講解、培訓當地的導遊，使他們能夠使用泰語和用適合泰國遊客的方式介紹中國的歷史，特別是泰國人喜歡的三國歷史文化、四川絲綢之路、武侯祠、三星堆等。我是第一位將「太陽神鳥」翻譯為泰語「**นกสุริยะ**」（Nok-Su-Ri-Ya）的人，這一譯名一直沿用至今。

我在中泰旅遊界多年，幾乎走遍了大半個中國——北京、上海、黑龍江、吉林、遼寧、山東、河北、山西、陝西、河南、安徽、江蘇、浙江、江西、重慶、四川、雲南、廣西、廣東、甘肅、西藏、新疆以及寧夏。每每到一個新地方，我就感覺到我對中國的認識太少，還有許多地方完全不為泰國人知曉和了解。中國之美，其歷史文化之迷人，我想讓所有泰國同胞和在泰國的其他國家的人知道。而在所有中國的城市裡面，我最愛四川的成都。我從以下三個方面看好四川和成都：

第一，區域經濟。四川省在中國國家發展戰略中被定位為西部發展中心，成都於西部的經濟發展就好比上海在東部的地位。第二，區域發展。在絲綢之路經濟帶中，四川是包括泰國在內的東南亞與歐洲之間投資貿易的紐帶。從曼谷坐飛機到成都只需要二小時三十分鐘，比前往香港、上海、廣州、深圳和北京更近。從泰國到成都的陸路交通也可以視為昆曼高速公路向北的延伸。第三，歷史文化。四川是中國古文明的發源地之一，蜀文化中的很多元素和泰國文化相似。

我一直在思考著要怎麼做才能使泰國和四川有

泰國首席貿易代表歐蘭·差巴瓦博士（左4）率泰國商家來中國四川舉辦中泰貿易洽談會。

長期的合作，特別是地緣上更接近中國的泰國北部，而清邁府是泰國北部最為發達的府。要促進長期友好的合作，應該增進雙方之間的了解，應該有四川本地人通過語言和文化直接認識泰國或讓泰國人了解四川。如果在四川有人能夠用泰語來交流，閱讀泰國的文獻資料，能夠用泰語來介紹四川，這些掌握了泰語的人將成為泰國與四川、四川與清邁長久友好關係的橋樑。這就意味著，應該通過在四川開辦泰語培訓班、開設泰語專業，培養四川自己的泰語人才。從二〇〇四年起，通過朋友介紹，我去了四川好幾所大學就這個想法進行溝通，但沒有人對辦泰語培訓班或開設泰語專業感興趣。有的大學領導甚至還不知道泰國在這個地球上的什麼地方，或跟東南亞其他國家有什麼不同。

二〇〇五年九月二十一日至二十二日，在清邁，泰國國家旅遊局邀請我以泰國職業導遊協會顧問的身分參加了「第二屆泰中關於經濟與投資合作委員會會議」。這是兩國旅遊局共同組織的正式會議，也是當時在泰國舉辦的泰中雙邊會議中規模最大的一次，其實質是兩國之間的雙邊會談。泰國的主辦方是他信政府，政府代表團團長是時任副總理兼商業部長頌奇・扎度信皮他博士，中方代表團團長為時任中國副總理吳儀女士。吳儀女士在機場受到了頌奇副總理、清邁府領導以及包括華僑華人在內的各界人士的熱烈歡迎。會議中，吳儀特別提到了中泰旅遊，並建議加強兩國人民間友好交往，促進雙方旅遊合作；加強中泰在中國—東盟自由貿易區建設進程中的合作。參與此次會議讓我堅定了推動中泰特別是川泰之間實質性合作的決心。而川泰合作，我認為應該從成都和清邁而不是成都和曼谷的友好交往開始。

成都大學

二〇〇六年，我組織並帶領泰國學生到開設有泰語本科專業的上海外國語大學參加暑期漢語課程學習。一天，我突然接到了一個陌生來電。來電人是位女士，她自我介紹說叫汪紅，是成都大學外國語學院的黨委書記。在電話裡，汪紅書記告訴我，成都大學外國語學院計畫開設泰語課程，因此她帶領團隊去成都市旅遊局調研尋求泰語師資，於是有人介紹她來找我。我非常高興，甚至可以說是興奮不已。從二〇〇四年開始，我就向成都的幾所大學推介我的想法，兩年過去了，突然有一所我還沒去過的大學主動來聯繫我。我立即答應了汪紅書記，改簽了回國的機票，從上海直接飛往成都與她面談。

然而，當我到了成都大學外國語學院，聽汪紅書記詳細介紹了她的計畫後，我卻失望了。因為當時學院只是應市政府的要求開設四個月的短期泰語培訓項目，培訓四川的導遊，使他們能說泰語，能接待泰國遊客。我不想放棄，花了兩個多小時向汪紅書記介紹我的想法。我分析了關於泰國和東南亞未來發展的情況，請她從區域性人才培養和外國語學院的發展，以及開展成都與泰國教育方面的合作等方面來考慮開設泰語二外和泰語專業的必要性。

我給了汪紅書記三天的考慮時間。如果可以的話，我願意留下來繼續負責接下去的工作；如果不可以，我將返回泰國。汪紅書記廣泛收集資料、了解信息，並與學校方面進行了商議，最後決定同意我的建議，先從泰語培訓班和開設泰語二外開始。於是，從二〇〇六年開始，我便正式在成都大學外國語學院工作，一邊開辦泰語培訓班，一邊與學院的老師們一起做泰語專業課程計畫，申請開設泰語本科專業。在等待四川省教育廳批准期間，學院面對全校舉辦了泰語培訓班，為英語專業的學生開設了泰語二外課程，從而使成都大學在二〇〇六年舉辦了川內高校第一個泰語培訓班，也成為四川省第一所開設泰語課程的高校。二〇〇八年，四川省教育廳批準成都大學外國語學院開設泰語專業專科和本科，成都大學成為四川省第一所開設泰語專業的高校。我們的課程設置要求學生必須去泰國一年，這是課程的一個亮點，也在川內首開專業整體海外實習的先河。

認識我的朋友都感到非常奇怪，許多人說我瘋了，在中泰之間培訓導遊、在泰國知名大學做客座教師薪水都很高，跑到四川一所地方性大學去培養泰語人才做什麼？雲南和廣西一些泰語專業的學生也有很多失業的。對於這些質疑，我笑而不答。因為我發現，當時中國許多大學雖然教泰語語言，卻忽略了國際、區域工作中「三語」能力（即泰語、英語和漢語）的並重。我設計的課程也不同於中國其他大學的泰語專業，是能夠勝任國際、區域工作的課程設置，培養具有良好「三語」能力、能勝任商貿工作的人才。這一點也是因為我多年在商貿和旅遊領域工作，了解人才市場究竟需要什麼樣的人才。二〇一一年，泰語培訓班第一屆學員結業，同時第一屆泰語專科班畢業，這些結業和畢業生是四川省第一批泰語人才。學生就業情況一如我所期待的一樣好，他們中的許多人成為泰中之間、川泰之間、成都與清邁之間的文化使者、貿易使者、旅遊使者。有人在泰王國駐華大使館工作，有人在泰王國駐成都總領事館工作，有人成為高校的老師，有人做泰中貿易工作，有人做泰中旅遊工作。也有一些學生的工作與泰國無關，但在學習泰語的過程中得到了許多啟發和靈感，他們將這些知識運用到貿易中，做出了不同於別人的亮點，使得他們的貿易方式不同於一般的中國人，從而得到了比別人更好的收益。

二〇〇七年，我作為泰國專家代表以及泰國職業導遊協會代表，參加了在合肥舉辦的「旅遊教育與旅遊管理亞太國際論壇」並作主旨發言。來自德國、韓國、美國、意大利、澳大利亞、新西蘭、新加坡、泰國等國的專家與會，他們中大部分是來自各國旅遊學院的校長、院長、專家、學者以及國際酒店的管理高層。令我感到欣慰的是，我不僅受邀作為會議主要發言者，而且有機會與參會專家分享和交流思想。會議期間，合肥大學授予我旅遊專業終身教授。

清邁與成都

二〇〇七年八月，清邁大學龍姆・吉拉努功副教授和連・洛維蒙空副教授來成都大學拜訪，這是川泰雙方地方性大學之間的第一次交流，拉開了清邁大學與成都大學教育合作的序幕。那時的成都人更熟悉曼谷、芭提雅和普吉，對清邁了解甚少。清邁大學是泰國第一個地方性大學，在泰國排名第三位，是泰國北部高等教育的支柱，在北部乃至整個泰國有很高的美譽度和信任度。成都大學和清邁大學的交流與合作，將會很快促進兩地和兩地人民之間的了解。我認為這是個很好的契機，便與時任成都大學國際合作與交流處處長徐躍星和外國語學院院長蘇聯波教授、書記汪紅立刻著手促成了成都大學與清邁大學簽署兩校的合作備忘錄。在那之後不久，清邁大學便與成都大學共同成立了其在全球範圍內的第二個泰國語言文化中心（CMU Center）。

這個中心發揮了很大的作用。我以中心為平台，開始聯繫清邁與成都建立友好城市項目。在實現這個夢想的過程中，很多時候都沒有經費支持，我便自掏腰包投入到項目建設中。我在時任四川省人民對外友好協會秦琳會長、成都大學外國語學院汪紅書記以及泰國清邁大學披塔緹雅・奴瑪孔老師的支持與幫助下，專程飛回泰國去邀請清邁府政府代表團來成都訪問。時任清邁府府尹翁潘・立瑪南先生非常贊成我的想法，他於二〇〇八年正式訪問了成都。接著，清邁與成都建立友好城市的進程以及雙方互訪活動不斷升溫，此後的兩任清邁府府尹蒙・巴納達・迪薩昆先生和塔寧・素帕森先生都請我幫助聯繫四川省的相關部門，務必讓友好城市項目取得成功。終於，二〇一五年三月，成都市與清邁府正式建立了友好城市關係，並開通了直航。從成都、清邁兩個地方性大學的互訪，到兩個城市成為友好城市，前後共用時七年，花費了大量的人力和物力。但夢想終於成真，我感到非常自豪。

泰國的府相當於中國的省，但機構組成有所不同，每個府除了省級政府之外，還設有同級別的管理機構（Administrative Organization）。府尹由中央政府選派，而府行政管理機構的最高長官則是由各府的人民選舉產生，任期四年。各府的最高行政長官就好比是第二把手，負責本府的規劃與發展。由於府行政機構是促進地方發展最直接的部門，我便與時任成都大學外國語學院院長黃鳴教授協商，建議學院與清邁府行政機構進行教育和中國語言文化傳播方面的合作。二〇一〇年九月，成都大學外國語學院派遣泰語專業專科班十九名學生赴泰，拉開了四川省第一屆赴泰漢語教學志願者暨泰語專業整體海外實習的序幕，時任成都大學校長周激流教授和泰國駐成都總領事孫建功博士出席了出征儀式。自此，成都大學擴大了與清邁府行政機構的合作，每年培訓、選派在校學生志願者一百名，作為文化使者到清邁府的各個學校教授漢語和傳播中國文化。這個項目一直持續至今，成為其他各省學生對外漢語教學志願者項目的範本，也得到了中國國家漢辦的支持和認可。在四川，我也將該項目的經驗分享給與成都大學結為大學聯盟的其他高校，讓他們與泰國其他府進行類似的項目合作。例如，內江師範學院與南奔府（位於泰國北部）合作、綿陽師範學院與烏汶府（位於泰國東北部）合作、四川理工學院與彭世洛府（位於泰國中部）合作等。這樣，每年大約有兩百多名四川學生通過這一項目在泰國的各個地方傳播漢語與中國文化，而他們的言傳身教也成為四川省在泰國各地的一張張閃亮的名片。

Mr. Chengdu

我在中國西部特別是四川省工作的事情，有清邁大學的朋友告訴了頌猜政府時期的第一副總理、英拉政府時期的副總理、泰國國家首席貿易代表歐蘭・差巴瓦博士（Dr. Olarn Chaipravat）。歐蘭博士於是約我到位於曼谷的泰國政府辦公室見面，我用

關國興在峨眉山金頂留影。

二十分鐘時間向他簡要介紹了中國西部的情況。然後，歐蘭博士約我第二天再去見面。當我第二天再見到歐蘭博士的時候，他讓我給他講解中國的歷史，特別是中國貿易路線的歷史。歐蘭博士畢業於美國麻省理工學院，他問了我很多有關經濟的問題，比如從秦朝開始的中國曆朝歷代直到今天的貿易情況、絲綢之路以及當時中國的「十二五」規劃等。我不知道這是不是一次對我的考察，但能有機會用兩個多小時、如此近距離地與副總理交流中國的經濟發展信息，我深感榮幸。一星期後，我被總理辦公室和泰國貿易代表辦公室正式任命為歐蘭博士的顧問，幫助促進中國西部與泰國的交流合作。

二〇一三年一月，我協調並促成了歐蘭博士率泰國商貿代表團正式訪問四川省和成都大學，積極推進和深化四川與泰國的全方位合作。之後，歐蘭博士非常重視與以四川為中心的中國西部的合作，鼓勵泰國企業每年到成都參加中國西部國際博覽會，促進泰國人民對中國西部的了解，加強泰國與四川之間的經濟合作。

歐蘭博士讓國家研究委員會召開研究中國西部經濟情況的研討會，我作為發言嘉賓參加了會議。我還應邀在 Thai PBS 電視台參加訪談節目，介紹中國西部特別是成都的經濟發展情況。歐蘭博士給我取了一個綽號，叫「Mr. Chengdu」。從此，他無論遇到誰，總是向別人介紹我為 Mr. Chengdu。於是，Mr. Chengdu 既成了我的別名，也成為我督促自己不斷進步的動力。

結語

還有很多故事想跟大家分享，但假如都寫出來，估計要寫很長很長。在此，我想簡短地總結一下。漢語是我學習的一個工具，讓我更了解了中國，使我實現了自己與中國結緣的夢想。今天，我只是在中泰兩國或川泰兩地間工作的一名普通的泰國人，卻得到了來自中國的許多榮譽，比如：二〇〇九年，我被四川省教育廳評為優秀外籍教師、特聘教授；寧夏回族自治區政府授予我「寧夏人民友好大使」稱號；等等。所有的這些榮譽、友誼和快樂，都歸功於當年我持之以恆地學習漢語。現在回過頭來看，每天兩到三小時的漢語學習太有價值了！

謝謝你，漢語！

我的泰語人生

梅　沙
（九寨溝網絡國際旅行社有限責任公司
總經理，泰國總商會駐成都總代表）

回想從最初認識泰國、接觸泰語到現在，已經過去了二十四年。從一個初出茅廬的哈尼小夥奮鬥至今，我已是人過中年，世間變化萬千，但不變的是心底的泰國情懷。所以，每每提起那些經歷，我心裡依然會油然而生年輕的衝動。

我出生在雲南元江和瀾滄江之間的一個哈尼族家庭，族裡有很多部系，我是哈尼族的僾伲人。在雲南土生土長、後來在四川成都定居了這麼多年後，遇到新朋友時，對方都會對我的民族身分感到驚訝和陌生，如若不經意聽到我說泰語，更會覺得我的外貌和行為方式完全是一個泰國人。是的，也難怪別人有這種感覺，從上世紀九〇年代開始，我的工作和事業裡便開始有了很多泰國夥伴的過往點綴，他們充實了我的人生，成就了我的今天。與他們合作的過程中，我不知不覺捲入了泰國經濟發展的浪潮和中泰關係發展的洪流，因此漸漸對泰國及其人民產生了自己的認識，這包括他們的性格、習慣、信仰、風俗、經濟、政治，等等。

人生總有起起落落，在我的前半生裡，也經歷了重要的轉折點，成為一次次我與泰國的緣分契機。上世紀九〇年代初，我剛剛高中畢業，由於未能如願以償地進入理想中的大學與專業，我不得不另謀出路。隨著改革開放的進程，中國開始了向新型社會的過渡，由貧窮低收入國家向中等收入國家努力轉型。在政府積極發展多邊外交與經濟的大環境中，雖然高考未能如願，我依然沒有洩氣，努力尋找新的機遇。因為身處與東南亞鄰近的雲南省邊界，這裡與緬甸、老撾等國家的部分山區民族也有著聯繫，讓我萌發了從事外事或者邊貿工作的念頭。剛好在一九九一年，中國、泰國、老撾、緬甸四國首腦首次在雲南舉行了關於開發金三角為「金四角」的重要國際會議。於是，我毅然加入了雲南民族大學第一批泰語學習者的行列。可以說，這次選擇是帶著茫然未知性的。在此之前，我對泰國的了解只是來自他人隻言片語的介紹，而沒有選擇緬甸或者老撾的原因很簡單——當時泰國發展得比他們都好。

既然選擇了，就得好好幹出點成績。機會很快就來了。一九九三年八月八日至十八日，昆明舉行了首屆出口商品交易會，這次大會象徵著昆明成為中國大西南對外開放的橋頭堡，發揮著促進對外貿易、投資洽談、勞務合作等作用。因此，此次交易會吸引了大量東南亞國家企業，泰國當然也在其中。語言是溝通合作的橋樑，協助商務洽談的小語

二〇一一年八月中泰湄公河北部自駕旅遊考察團合影（後排左4為梅沙）

種翻譯人才一時很緊缺，接到組委會的招聘消息後，我立即準備去面試。我從來沒見過如此正式的大場面，心裡雖然害怕，但更多的是激動——終於有了一展拳腳的機會。順利通過面試後，我擔任了一對名叫蘇帕裡的泰國夫婦的翻譯助手。根據他們的需求，我隨同他們考察了雲南玉溪的早莊火炮廠。這對夫婦對所考察的工廠設備和技術都非常滿意，很快就與早莊火炮廠簽訂了七萬美元的貿易訂單，並且當即支付了一半訂金。於是，這批產品從西雙版納經湄公河水運送達清邁。毫無疑問，當時湄公河是重要的貿易航道，但是由於航道未經改造，河床礁石影響行船，下行需要三天，上行需要七天。後來，隨著中國與東南亞經濟聯繫的加強，各國合作對湄公河進行了一定的改造，使得航道通航能力有所提高。

開展國際貿易面對的最直接的問題就是通信，當時並不像今天這樣信息技術高度發達，通過一個電話、一封郵件便可輕輕鬆鬆地搞定一項生意訂單。在那個信息交流設備極度匱乏的年代，合作所需要的意見或者條件交換起來很不方便。貨物運達泰國後，卻遲遲不見泰方支付項目尾款，於是應早莊火炮廠的邀請，我隨團隊前往泰國訂貨方協調交涉。由於當時中泰兩國海關出入境政策也還不完善，我無法取得簽證前往泰國，只得想辦法取得邊民通行證經老撾進入泰國，就這樣在困難重重中第一次來到對之充滿了嚮往和好奇的泰國。八〇年代泰國人看到的中國，依然處於百業待興的階段，政府代表團到各國考察尋找經濟發展出路，將計畫經濟向市場經濟過渡。而在我第一次到達泰國後，一切都出乎我的意料，地圖上國土面積不大的泰國，國內經濟生活已經是一片欣欣向榮。後來我慢慢明白，八九十年代正是泰國經濟突飛猛進的時候，外向型經濟發展突出，既是亞洲糧食淨出口國，又大力發展製造業，尤其是汽車製造業成為支柱產業，使泰國成為亞洲「四小虎」之一。城市的大街小巷都充斥著外國品牌的小汽車，超市裡有琳瑯滿目的商品，人們的消費能力較高。於是，我們隨便租了一輛在當時很流行的伏爾加汽車去找尋蘇帕里夫婦的公司。我們最終找到這對夫婦，經過簡單的溝通便化解了誤會，圓滿完成了合作協議。後來在二〇〇〇年以後，中國經濟開始實現了真正的騰飛，而這時部分泰國人還沒有及時反應過來，他們以為中國依然是貧窮落後的人口大國。所以，對於一些未能與時俱進、不明就裡的泰國人來說，中國是典型的「一夜暴富的暴發戶」，這也導致後來某些泰國人對中國人產生了某些偏見。

此次工作結束後，我收穫了人生中第一桶金，足夠我一年的學費。我心中的驕傲感油然而生。雖然收入讓我倍感欣慰，但最重要的是這段經歷中的所見所聞，讓我第一次體會到一名翻譯工作者的使命感、自豪感。身處中泰發展大勢所趨的環境裡，機遇就在眼前，我要不斷提高，不斷歷練自己，學有所用，為兩國發展貢獻力量。

在物質生活得到保障的條件下，人們都會有更多精神生活的需求，於是旅行成了重要的選擇。雲南省距離泰國很近，自然風景秀麗，人文風俗魅力叢生，引起了泰國人的興趣，刺激了他們的需求。一九九三年，清邁與昆明實現了直航，大大方便了泰國人來滇。我從泰語學習班畢業時，正趕上泰國發展一路高歌，來華遊客數量不斷增加，形成了旅遊熱。在感受到了中國旅遊市場的巨大前景後，我開始從事泰語導遊工作，沒想到這成了我一生為之奮鬥的事業。從一名小導遊做起，我既是旅遊的嚮導，更是文化的傳播者。與一批又一批泰國遊客的相處中，我不僅僅是單方面地引導服務他們，也從他們那裡了解了很多泰國文化。來自「微笑之國」的泰國人百分之九十以上信奉佛教，性格溫柔、善良，和藹可親，尤其是早期來華的遊客，大多思想觀念進步，文化素質高。而且，很多泰國人的祖先是中國移民，可以說泰國人和中國人是有同根同源

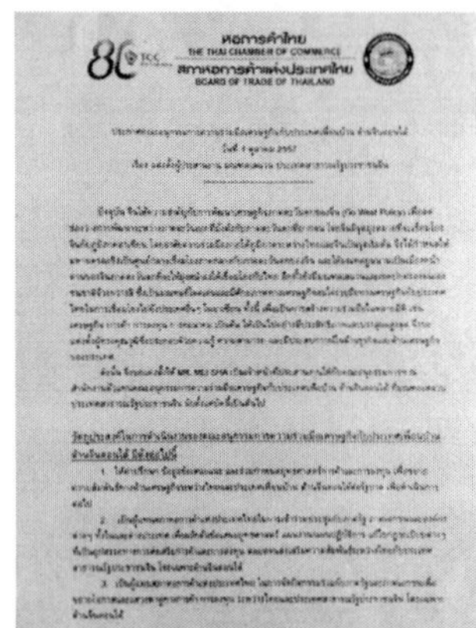

หอการค้าไทย
THE THAI CHAMBER OF COMMERCE
สภาหอการค้าแห่งประเทศไทย
BOARD OF TRADE OF THAILAND

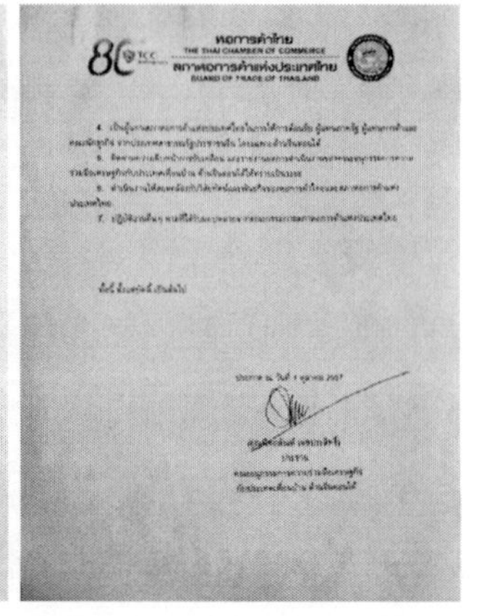

หอการค้าไทย
THE THAI CHAMBER OF COMMERCE
สภาหอการค้าแห่งประเทศไทย
BOARD OF TRADE OF THAILAND

泰國總商會二〇一四年給梅沙頒發的駐成都代表委任書

之情的，他們有認識中國、重返故鄉的渴望。泰國人來中國的旅遊之路，也可說是尋根溯源之道，同時也是在百業待興的中國尋找發展機遇的有效途徑。我很感謝最初兩年的職業打拚，這為我後來的生涯埋下了希望，也奠定了堅實的基礎。

人生總有很多的不期而遇。正當我在人生第一份職業中開始風生水起時，泰國遭遇了金融危機。泰國是君主立憲制的資本主義國家，政府較早地開放了資本市場，為了吸引外資、發展外向型經濟而出台了一些錯誤的金融政策，再加上外國資本玩家的炒作等因素，使泰國在九〇年代初便出現了虛假繁榮下的巨大財政赤字。到一九九七年七月，泰國的匯率政策變動終於引發了一場遍及東南亞的金融風暴，並很快演變為亞洲金融危機。這次金融危機對泰國經濟以及整個東亞的衝擊很大，中國也遭受了改革開放以來第一次外部經濟打擊。亞洲各國貨幣大幅貶值，但是為了幫助東南亞各國度過危機，中國政府頂著壓力宣布人民幣不貶值。曾經的亞洲「四小虎」一夜之間崩潰，市場癱瘓，旅遊業也不例外，來中國的泰國旅遊者越來越少，我很快就失業了。沉悶了很久後，無可奈何之下，我想到了曾經接待過的一位泰國先生——拍翁·德差拉隆。這位素質極高的紳士曾經對雲南的美麗山水讚不絕口，也對公司和我的旅遊服務有著高度評價，送別時，他給了我他的名片，並懇切地說道：如果有一天想去泰國發展了，就來找我。我當時只是深受感動。而今，我翻出了那張名片，毅然奔向了泰國。果然，一到泰國，我榮幸地受到了拍翁先生的厚待，他帶我參觀了自己的公司和豪華別墅。他事業有成，是一位十足的低調紳士，具有較高的社會地位。金融危機對他的公司有一定的打擊，但他依然精力十足，毫不服輸。一次偶然的機會，我發現拍翁先生的歐式別墅的建築和裝修材料中

二〇一五年十一月，梅沙（左1）陪同泰國南奔市政府代表團訪問都江堰。

採用了大量的松木，這引起了我的好奇。原來，拍翁先生對這種上等的松木極感興趣，並且很想發展木材生意。於是，我四處打聽，得知緬甸有這種上等松木，便奔赴緬甸尋找貨源，做起了木材生意，並從中獲得了可觀的利潤。我以為這會是我人生又一新事業的開始。可惜好景不長，由於緬甸商人涉嫌違法被拘留，我也受到了牽連，所有的投資石沉大海，一夜之間變得一無所有，還背負了一大筆債務。當時，我甚至不敢回雲南的家鄉，跌入了人生第一次巨大的低谷。

返回中國後，我深感愧疚，無顏回家。在朋友的鼓勵之下，為了走出陰影振作起來，我前往四川九寨溝散心。出乎意料的是，我發現九寨溝竟有這麼多外國旅遊團，我料想到，新的機遇可能隨之而來。那是二〇〇二年，回到成都後，我進行了一番市場調查，斷定四川旅遊產品有著絕對的優勢，可成為泰國人來華旅遊的又一熱點。於是，我暫時離開了雲南的親人朋友，果斷轉戰四川，重新打開一片天。皇天不負有心人，四川線路本身具有巨大的吸引力，加上我了解泰國客人需求和泰國文化，注重旅遊團隊服務細節上的品質，於是從難到易，漸漸贏得了泰國客戶的信任和支持。我開始創建自己的旅行社工作室，專門接待泰國來四川旅遊的遊客，開發了適合泰國人旅遊的九寨溝—黃龍—成都、峨眉—樂山—都江堰、廣漢—德陽—閬中三國文化線等多條世界文化遺產和自然遺產線路，發掘巴蜀文化和風景旅遊。這在促進了四川旅遊發展的同時，也讓泰國人在熟知北京、上海、廣州等城市後，將目光轉向中國大西南地區門戶、極具潛力的未來大都市——成都。接著，二〇〇四年，泰國駐成都總領事館、泰國旅遊局駐成都辦事處相繼落成。隨著中泰關係的穩步提升和兩國合作的深入，國內對泰語人才的需求急遽上升，而已經開設了泰語專業且教學成熟的高校主要分布在雲南、廣西、北京和廣東等沿海地區，這激發了我培養四川本地泰語人才的想法。很快，在朋友的協助下，我與現今成都大學泰國語言文化中心的關國興老師一起尋找到了合作機會，在泰國駐成都總領事館和成都大學外國語學院的大力支持下，採用「3+1」模式（成都大學學習 3 年＋泰國大學學習和實習 1 年）的本科泰語專業於二〇〇八年成功開班。這是泰國與四川教育交流合作的良好開端，也為其他多種形式、多個專業的交換合作項目奠定了基礎，為中泰友好注入了新鮮血液和活力。每年，我的工作室也成為泰語專業畢業生工作選擇的平台之一，來到這個平台的他們都有機會學以致用，更好地發揮專業技能並提高語言水平。

我相信，每一次的災難和困難都會帶來更大的進步。雖然二〇〇八年汶川地震使整個四川旅遊一度陷入瓶頸期，國內外遊客都大量減少，但在全國人民萬眾一心幫助進行災後重建後，四川旅遊煥發了新的光彩。四川人民放手大幹，經濟很快出現了質的飛躍和發展。四川和四川旅遊重新吸引了泰國人的目光。於是，在泰國駐成都總領事館和各地政府的大力支持下，四川各城市也掀起了舉辦泰國風情展覽會的熱潮。我非常榮幸地被泰國總商會委任為該會駐成都總代表，作為一名中泰交流使者，為各類活動的發起和組織出一份力。近年來的成都泰國風情週展銷會、樂山旅遊交易博覽會、瀘州西南商品博覽會等展會上，無處不見泰國參展商和泰語翻譯志願者的身影。這些活動加深了中泰兩國人民的相互了解和經濟交往，大量的泰國食品和手工藝品深受四川人喜愛，四川出境前往泰國的遊客連年增加。經濟上的交流搭起了地方政府之間合作的橋樑，在二〇一五年十一月的都江堰世界嘉年華泰國文化風情周活動中，我陪同都江堰市政府領導接待了泰國南奔市政府領導和泰國國家發展局工作人員一行，就南奔和都江堰合作進行了洽談。不久，我又陪同都江堰市政府各職能部門領導回訪了泰國南

二〇一五年十一月，梅沙（左1）陪同都江堰市領導回訪泰國南奔市。

奔市，兩地政府交往的和諧友好氛圍讓我深為感慨。這就是中泰友誼的縮影和真實寫照啊！

當前，中國正通過實施「一帶一路」戰略，與古代絲綢之路和海上絲綢之路沿線相關國家發展更親密友好的夥伴關係，共同打造涵蓋政治、經濟、文化各方面的互助共同體，泰國也是其中之一。從中泰鐵路建設在經過多年商討後最終達成協議這件事，可以看出中國與泰國合作的誠意，但同時我們也看到了近來泰國輿論表現出的對中國政府的一些誤解，以及由於中國遊客出境游的個別不文明現象而招致的泰國人對中國人的不滿情緒，這些來源於兩國人民的文化差異和利益立足點不同，尚且無法避免。但是，中國政府和人民都在努力地提升自身形象，相信只要大家互相包容、增進理解，不久的將來，誤會和矛盾都會一一化解。我相信，「中泰一家親」絕不是一句簡單的口號，時代的發展會賦予其新的深刻內涵。中國會通過後續「一帶一路」的一步步具體落實，來展現我們的誠意和大國的風範，以真正的實力吸引其他國家的合作。我的前半生都在為跟泰國和泰語有關的事業打拚，尤其是旅遊業。對於我來說，這又將是中泰關係史上一派新氣象的開端。沒有了年輕時候的意氣風發，但我依然滿腔熱血，希望有更多志同道合的人才加入我們，為中泰友好奉獻力量，同時成就自己的人生價值，成就這個時代的中國夢。

文鳳

俞勤偉

（泰國清邁大學孔子學院前院長）

文鳳是一位漂亮的泰國女孩，不光臉蛋漂亮，身材也很好。她講起話來慢悠悠的，和大多數泰國人一樣，臉上總是帶著微笑。而當她微笑時，臉蛋上會有兩個淺淺的酒窩，給人一種很甜的感覺。

我是在二〇〇三年認識她的，當時她到雲南師範大學參加漢語教師培訓。中國國家漢辦從二〇〇二年開始啟動國外本土漢語教師培訓項目，雲南師範大學當時承擔了泰國本土漢語教師來華培訓項目，我則被安排來負責這個項目的具體工作。按照泰國當時每年三到五月和十月為學校假期的時間安排，本來二〇〇三年三到四月是有一次這樣的漢語教師來華培訓的，可是因為當時中國正爆發「非典」疫情，人人「談非色變」。雖然當時昆明並沒有出現「非典」病例，但泰國教育部還是擔心這時候教師來昆明參加培訓可能會有傳染「非典」的風險，因此致函我方，暫停教師來華參加培訓，待疫情得到控制後再看情況。這樣，當年的培訓就推遲到了十月份。

文鳳參加的培訓總共有四周時間，總體安排上除了有漢語教學的內容以外，學校也安排時間讓學員參觀遊覽當地名勝和了解社會。因為我負責培訓班的管理，有一天她突然跑到我的辦公室，笑著跟我說，她想在課程學習以外的時間去看望她的親戚，請我幫她聯繫。我當時很是驚奇，她怎麼會在這兒有親戚？詢問以後，她講了事情的由來，我也知道了她的一些情況。

她畢業於清邁皇家大學中文系，當時在泰北清邁的蒙福小學教漢語。她要找的是她的爺爺與前妻生的在中國的孩子，也就是她的伯伯輩的親人。她爺爺是雲南巍山人，當年跑馬幫，在雲南和緬甸之間往來做生意，向外倒騰雲南的土特產，又從緬甸進各種洋貨到雲南（當時緬甸是英國殖民地，洋貨是很容易買到的）。這樣多年下來，她的爺爺不僅收入十分可觀，而且熟悉一應情況，對滇緬一帶馬幫路線上的地形、氣候十分了解，還在江湖上有著極廣的人脈，和三教九流混得很熟。一九四九年十月一日中華人民共和國成立之時，雲南還沒有解放。到一九五〇年二月雲南全境解放時，她的爺爺正隨著馬幫在境外做生意。她也搞不清楚當年是因為雲南解放初期國境關閉的原因，還是由於國民黨對共產黨政府造謠宣傳的原因，反正她的爺爺後來就再也沒有回到雲南。在緬甸靠近雲南的邊境地區生活了一段時間以後，她的爺爺最後在朋友的指點下，趕了幾匹馬從緬甸越境到了泰國，在泰緬邊境落地生根，又娶妻生子，且人丁興旺，若干年以後已在當地形成了一個大家族。將近三十年以後，中國開始改革開放。這個消息傳到文鳳的家時，她爺爺已經過世，但老人家生前告訴家人，世道常變，以後有機會一定要和雲南的族人親戚聯繫，不要斷了家族的根。文鳳的父輩沒有忘記她爺爺的話，通過信函和託人尋找，終於和遠在雲南巍山的親族建立了聯繫，此後雙方也都互有走動。這次她有機會到昆明來培訓，正好可利用學習以外的時間看望她的親戚。我幫她聯繫後，她實現了願望，分別在昆明和她的祖籍地與親戚們見面。這是培訓以外的收穫，她很高興。

文鳳參加的培訓結束後，我在學校負責或參與多個和泰國有關的項目，如赴泰漢語教師志願者培訓並派出、與泰國大學的交流訪問、泰國漢語教師培訓等，由於工作上的關係每年都要到泰國幾次，每次到了泰國我總會給文鳳打打電話，問候一下。而她也幾次帶她們學校的學生到雲南玉溪等地的友好學校進行交流、遊學，來到昆明後也會聯繫我，這些互相之間的聯繫讓我了解了她回到泰國以後的情況。其間有一次她告訴我她結婚了，先生是她同學校的老師，也是華裔，並且也教漢語。

二〇一〇年三月我來清邁大學孔子學院工作以後，去參觀過她的學校。那天到她的學校以後，我才回憶起來，我在一九九八年曾經訪問過她們學校。那次是隨我所在大學的一個代表團去的，我們先去了曼谷南部的易三倉教育集團是拉差學校，再到清邁，訪問蒙福學校。易三倉教育集團下設十四所學校，有大學，也有中小學，都是天主教教會學校，很有歷史和聲譽。當然，這樣的學校都是私立的。

我人在清邁了，與文鳳的交流也就多了。當時她的學校對面有個市場，裡面有一家雲南籍華裔經營的清真牛肉麵館，味道很好，我經常中午開車帶我們的老師們到那兒吃牛肉麵，有時候就約她出來一起吃麵。後來那個市場拆了蓋商場，那家牛肉麵館也搬到另外的地方去了，但我們還是經常到那家牛肉麵館，吃完了還要買一些包子帶走。

文鳳經常在交談中抱怨學校工作艱苦，每天工作時間長，工資很低。按照當時的政府規定，泰國的本科畢業生月工資是一萬二千銖，碩士研究生的月工資是一萬五千銖。當時的人民幣和泰銖比值約為一元人民幣等於四點八泰銖左右。她是本科畢業，月工資就是一萬二千泰銖。這個工資水平對當時的中國人來說不算太低。後來在英拉執政期間，泰國政府把本科生和碩士生的月基本工資都提高了。文鳳還覺得假期很少。泰國學校一般一年有兩個假期，三月初到五月中旬有兩個半月左右的假期，這個時段是泰國最熱的季節，可以稱為暑假；十月份又有一個月的假期，這時正值雨季結束、涼季開始，因此可以把這個假期稱為涼假。學校學生放暑假和涼假時，老師還要去學校工作，這一點和中國不同。中國人到泰國以後，都感覺到泰國的節日很多，特別是佛教節日，過一段時間來一個，中國人都覺得挺高興，說泰國節假日真多。但文鳳說假期很少，可能也是因為學校的長假期間，老師還要在學校工作。和文鳳的幾次見面，我發現她確實比以前來昆明培訓時瘦了很多，眼眶下陷，臉色發白，看上去很疲勞。

結婚不久，文鳳有了第一個孩子，是男孩，這樣生活上就有點拮据了。大約在我到清邁工作後不到一年時間，有次她打電話給我說，她已經辭職了，不再當老師了，歡迎我到她家去玩。她還告訴我，她的先生也一起離開了學校。

她的家在屬於湄豐頌府的拜縣（Pai），泰國人說 Pai 時不是發「拍」的音，而是讀作「拜」。那個地方有點像雲南的大理或是麗江，是個旅遊熱點，以前去那兒的遊客以西方人居多。自電影《泰囧》上演以後，清邁引起了中國人的興趣，進而擴展到泰國北部，拜縣自然也就逃不掉了。先去過拜縣的遊客寫了無數的遊覽攻略，現在那個地方已經差不多被中國人「攻陷」了。按說，拜縣的自然風光一般，人文景觀也沒有什麼很特殊的地方，但是泰國人將自然和旅遊開發結合的創意使得拜縣成為一個旅遊熱點。從清邁到拜縣距離不到一百四十公里，但開車卻要三個多小時。出了清邁以後，全程基本都是山路，據說有七百多個彎。我去過拜縣幾次，但一直沒有弄清楚這七百多個彎是怎麼計算出來的：是在車上數數得出的，還是地圖上研究出來的，另外要拐多少度算是彎呢？反正，拜縣的街上那些旅遊小店裡，到處都有以這七百多道彎為主題的旅遊紀念品。

文鳳家所在的地方叫山地村，是當地的一個華人村，離拜縣城不到十公里。到拜縣旅遊的華人一般也都會去這個地方，因為在拜縣成為一個旅遊熱點以後，山地村也進行了一些建設，比如中國城牆式的展廳、中國特色的標誌等，開展中國文化旅遊項目。村裡有一些商店賣中國的東西，我們有時也在那兒補充一些開展中國文化活動的材料，如中國燈籠、茶具、茶葉等。他們的茶葉一般都是在泰北本地生產的，是台灣為幫助居留在泰北的前國軍難

山地村入口處

民解決生計而開發的種植項目的產品。茶具則來自中國大陸和台灣的都有。由於這些華裔祖籍雲南，現在又是在當地聚居，所以基本上都保留了雲南的文化，過中國年、中國節當然是必須的。具體反映到生活上，就是吃的飯和菜是完全的雲南口味，讓我特別難忘的是小餐館裡的紅燒肘子、烏雞湯、醃菜炒洋芋等雲南菜。雲南人稱土豆為洋芋，在山地村也是這樣叫的。當你有相當長的一段時間沒有吃到中國菜時，再次吃到這些菜就會感到無比的好吃，儘管在中國這些菜可能只是家常菜。

我第一次去那個地方時，文鳳還在清邁當老師。我記得以前她講過她家在山地村，但我當時不知道這個山地村就在拜縣。我們當時有七八個人一起，租了個小麵包車。住了一晚上後，第二天早上那個泰國司機說離這兒不遠有個華人村，要不要去看看。我看還有時間，就說去看看吧。十來分鐘後車就到了那兒。下車看到有塊「山地村」的牌子，我馬上就聯想到文鳳講的她家所在村子的名字，心

山地村一角

想這是不是就是文鳳家的村子啊。那個地方不大，我在那兒轉悠了一圈，看看離所定的上車時間還早，就找了一個茶店坐下來喝茶。一聽老闆的雲南口音，我問老闆：你們這兒有沒有一個名叫文鳳的女孩子？老闆說：有啊，她是村長的女兒，在清邁教書。我說我認識文鳳，以前她跟我說起過她是山地村的人，這次我來旅遊，正好到山地村來看看。老闆說文鳳的家就在村子靠山腳的地方，從他的茶館上去三百多米就是，她的父親不在家，但她叔叔家就在旁邊，可以跟她叔叔聊聊。於是，我到了她叔叔的家，和她叔叔聊了一會兒，還去參觀了她的家。那時是十二月將近陽曆新年，和泰北的其他雲南華人家庭一樣，她家的房前屋後掛著自製的腊肉、香腸，晾曬著準備做醃菜的多種蔬菜。成群的雞鴨在院子前後覓食，狗兒們懶洋洋地趴在地上睡覺。從她叔叔那兒，我知道了他們家是當年第一批到這兒定居的華人，那時這裡無人居住，是荒地。文鳳的爺爺跑馬圈地，所以山地村的土地都是屬於他們家的。幾十上百年以前，這些地都是沒有主人的，誰來占了就是誰的，但現在就不一樣了，那些在山地村開店的人都得向他們家租地。我回到清邁後，把在她家拍的照片給她看，她直驚訝，說我怎麼會找到山地村，見到她的叔叔的。

我在清邁工作期間，每年都會帶我們的老師游一次泰北。第二次去拜縣時，已經是她從學校辭職後。她已經回到了山地村，和她先生一起開了一家小店。我按她告訴我的地方，找到了她開的店。這是一家主要賣旅遊紀念品的小店，兼做打印照片等營生。店門外還放著個冰箱，賣冰淇淋。泰國的小商店可以賣不同類的東西，只要你想賣就行。按我的想像，這樣的小店人流量也不大，怎麼能賺錢呢？我如此問她，她說一般情況下都會賺錢的，除非是旅遊淡季，沒什麼人來，到那時他們夫妻倆就到她先生家去。她先生家在清邁南邊的南奔府，離清邁不過十多公里，家裡有一個不小的養豬場，養了一百多頭豬。家裡人手不夠，正希望他們去幫著養豬，收入會很好的。說起兩口子都不當老師了，他們好像也沒有什麼遺憾的，沒有覺得現在所做的和他們所學的專業不對口，或者可惜之類的想法。可能對他們來說，當老師時緊張的工作、低微的收入，與現在自主的生活相比，辭職是一種解脫。自由而閒適才是她們最喜歡的生活方式。很明顯的是，她面色紅潤，胖了好多，精神也很好。

隔了一年，我帶學院的老師們又到過一次山地村，去看她時，她已經有了第二個孩子，也是個男孩。我問她準備要幾個孩子，她說兩個夠了。

我第四次去山地村時，和她聊了很長時間。她說她的孩子慢慢長大了，她準備和丈夫到南奔去生活，因為她的公公婆婆年紀大了，照料養豬事業有些困難。她的小叔子在泰國南部工作，家裡只有靠她丈夫去照顧。她自己也準備在南奔找個工作，開始新的生活。

文化篇

泰國札記二則

傅學章

（中國前駐泰國大使）

關於泰族起源的「故事」

一九九五年泰國總理府國家特徵識別委員會出版的《九〇年代的泰國》一書，開篇的第一段是這樣寫的：

「關於泰族的起源，一直存在著爭論。三十年前，可以被認可的說法是：四千五百年前，泰族發源於中國四川省的西北部，後來南遷到現在的家園。現在，這個論斷已經被烏棟塔尼府濃汗縣班清村考古發現的史前文物所改變。這些文物包括三千五百年前的青銅器和其他具有說服力的依據。這顯然說明，泰族就起源於泰國本土，而後才散居於亞洲和中國的一些地方。」

泰國官方最權威的出版物上的這段表述，對於中泰兩國史學界和國際泰學研究者來說，都具有十分重要的意義。因為它摒棄了一些西方學者的論斷，而肯定了中泰兩國學者的研究成果和結論。

根據我過去閱讀有關資料和書刊的零星札記，也根據我同陳呂范教授、謝遠章教授接觸中所汲取的知識，我想簡略回顧一下這個常識問題的歷史背景，以便了解泰國民族史學觀點的改變究竟經歷了一個怎麼樣曲折的過程。

大約在十九世紀末二十世紀初，西方國家的學者曾經就泰族發源地問題提出過三種假說：英國拉古伯里教授（T. de Lacouperi）的「中國川北陝南起源說」、美國杜德牧師（W. C. Dodd）的「阿爾泰山起源說」、英國戴維斯少校（H. R. Davies)和德國克勒納博士（W. Credner)的「中國兩廣和雲貴起源說」。總之，他們都認為，幾十個世紀前，泰人的國家在中國，因為遭到中國人的驅趕和侵占，泰人才被迫南遷到現在的泰國。其中最離奇的論斷是拉古伯里和杜德作出的。這兩位不同時代的人物，卻表達了幾乎完全一致的觀點：西元前二十三世紀，在中國人由西亞東遷到中國之前，泰人就在中國建立了自己的國家，泰人是中國最早的主人，是中國人的「兄長」。

其實，從上世紀六七十年代開始，泰國本土的一些歷史學者就以人種學和考古發現為依據，提出過泰族起源的第四種和第五種假說，即「泰國本土起源說」和「印尼群島起源說」。但是，這兩種學術主張根本得不到重視。因為在泰國知識階層的主流中，已經有知識泰斗和學術權威營造了幾十年的歷史傳統和學術王國，其權威之大、影響之深，都是無可比擬的。他們既已認可西方人的觀點，別人是不可能再更改的。所以，在泰族起源這個問題上，泰國史學界不僅贊同和接受西方學者的三種臆斷，而且還著書立說，加以詮釋和發揮。更不可思議的是，西方學者的說法及相應的推論和觀點，都編入了中小學的歷史教科書，一直沿用到上世紀八九十年代才逐步改變。西方學者這些荒謬的歷史假說和泰國一段時期內所滋生的誤導思潮，給幾代人的歷史知識和民族意識造成了相當大的干擾和混亂。

一九七五年六到七月間，泰國總理克立・巴莫親王在北京同周總理簽署兩國建交公報之後又訪問了雲南。出乎意料的是，他說來到雲南就是回到了老家，還說泰國的首都原來在大理，後來遷到了昆明。他的陪同官員回到泰國後，在雜誌上發表文章說，雲南曾經是泰國的領土。

原本泰族起源只是個學術界探討的課題，沒想到竟然成為現實的政治問題。為了解決這個問題，雲南省很快就組織了一個中泰關係若干問題的專題研究小組。陳呂范任組長，鄒啟宇任副組長，謝遠章、寧超、簡佑嘉和王文達是研究組成員。

這個研究小組開始工作之後，很快編譯整理出了國際泰學界有關泰族起源方面的歷史資料和最新動態，然後就擬定了十多個專題，諸如秦漢時期的滇國不是泰族建立的國家、南詔和大理國也不是泰族建立的國家、忽必烈平大理國沒有引起「大量泰族南遷」、諸葛亮出兵雲南並非「漢族南征泰地」，等等，從一些最關鍵的論點和論據上，有針對性地否定西方學者的觀點。

經過二十年的艱苦努力，陳呂范和其他幾位學者考察了許多古蹟，寫了許多論文，終於取得了豐碩的成果，不僅否定了西方學者的臆斷，而且還提出了同泰國清・裕里和索・訕威遷兩位學者的「泰國本土起源說」基本一致的論斷，即：泰族起源於中南半島北部和雲南南部的峽谷平原地帶。

令人感到高興的是，他們的研究成果很快得到了泰國方面的重視和共鳴。當初，陳呂范教授的論文《忽必烈平大理國是否引起泰族大量南遷》在一九七八年第二期的《歷史研究》上一發表，就引起了泰國駐華使館沙功・汪納普 博士的注意，他很快把此文的英文版送給了前總理克立・巴莫親王。克立親王又很快親自把主要內容譯為泰文，在泰國《沙炎叻》報上連載三天。克立親王在引言中說：「關於泰族起源以及泰族到底來自何地的問題，至今尚無明確的結論。中國學者這篇論文主要是批駁西方學者的，值得引起泰國歷史學界的重視。」一九八〇年，江薩總理曾經對到訪的中國文化代表團團長姚仲明說：「小時候念的教科書上說，泰族是從中國長江以北地區逐步南遷到今天這塊地方來的。從泰國最近的出土文物來看，考古學家認為泰族本來就生活在現在這塊土地上，不是由北方遷來的。」他還說：「中泰兩國有幾百年的交往，中國可能會有很多有關泰國的文物和資料，希望能幫我們找一下。泰國的歷史是西方人寫的，不太正確，我們要共同研究。」

後來，泰國王姐甘拉雅妮·瓦塔娜殿下、前總理川·立派以及泰國史學界的專家學者，都曾經同陳呂范等中國學者直接探討過泰族起源問題，了解中國學者的見解和看法。泰國總理府漢泰史料檢譯委員會的主管官員和專家們專程來到雲南進行考察，並同中國學者共同進行學術探討後，也覺得西方學者的觀點不準確，並且開始接受中方學者的觀點。當時的泰國教育部長瑪納上將曾明確向陳呂范等中國學者表示，雲南東南亞研究所對兩國友好關係的發展作出了重要貢獻。

中泰關係史知識點滴

一九七五年六月三十日，周總理在會見泰國總理克立·巴莫親王時提到，中泰兩國之間的親戚關係已經有好幾個世紀了。當時有人插話說，已經有幾十個世紀了。於是，後來就不斷有人提問：中泰關係的歷史，究竟是幾個世紀，還是幾十個世紀？好像這同泰族起源問題也有一點聯繫。

我後來看了許多史料，覺得周總理用的概約數是相對準確的。當然，這是指兩國之間的官方關係。因為，泰國是西元十三世紀才建立了自己獨立的國家——素可泰王朝。從那時開始，泰國就同中國建立了官方聯繫，至今已有七百多年的歷史。如果從泰國獨立建國以前那些地區的人們同中國之間的接觸和交往來說，則可以追溯到西元二、三世紀，距今已有一千七百年的歷史了，但也沒有幾十個世紀那麼長。

據中國史書記載，從西元一世紀開始，中國就同中南半島上的一些古國發生了聯繫，或互通貿易，或互派使節。其中一些地域當時還是扶南國的一部分或者屬國，但其區位卻在現今泰國的境內。例如《三國志》提到的堂明和《梁書》提到的頓遜、金鄰、盤盤、狼牙修，都是孟族等泰國土著先民在西元二到五世紀所建立的。關於金鄰國的具體位置，《太平御覽》中記載的是：「金鄰國又名金陳國，從扶南西去二千餘里。地出銀，人多好獵象，生得乘騎，死則取其牙齒。」從方位判斷，其地當在泰國西北部出產銀礦或錫礦的地區。盤盤國，就是現今泰國的素叻他尼，曾經在西元四二四年和四五四年派遣使者覲見中國南北朝的宋文帝和宋孝武帝，還在五二七年晉見梁武帝。狼牙修國，即現在的北大年，西元五八八年就同南北朝的陳朝有佛教方面的往來。據《大唐西域求法高僧傳》記載，成都義朗、義玄兄弟隨僧人智岸到過狼牙修國，並受到當地國王的款待。

《隋書》提及的參半國，史學家認為就是泰北清邁一帶早期的庸那伽國，亦即蘭那國（中國史書稱為「八百媳婦國」）的前身，西元六一六年同中國的隋朝有過交往。

《舊唐書》和《新唐書》都提到過湄南河下游

（現今的曼谷以北地區）的一個古國叫墮羅缽底，曾於貞觀十二年（638 年）、十四年和十七年，三次遣使訪唐，贈送方物數十品，唐回贈駿馬等物。

《宋會要稿》中記載有南宋紹興二十五年（1155 年）羅斛國貢大像一事。羅斛是華富裡一帶的古國。

《宋史》中有過真臘屬邑真裡富的記載如下：慶元六年（1200 年），其國主立二十年矣，遣使奉表貢方物及訓像二。詔優其報賜，以海道遠涉，後勿再入貢。文中所說的真裡富，即現在的尖竹汶府。

西元一二三八年，泰人（暹人）把素可泰的真臘總督趕走，宣布素可泰獨立，這標誌著泰人從此建立了自己的民族國家——泰國（早期稱為「暹」和「暹羅」）。從此以後，泰國就獨立地同外國進行交往了。一二八二年，元朝曾經向泰國派遣過訪問使者，但因中途遇難，未能到達。一二九二年，素可泰的第三任國王蘭甘亨大帝第一次向中國元朝朝廷派遣使者，這就是兩國官方正式交往的開始。素可泰王朝同中國的關係雖然是初始階段，卻非常順利和密切。最突出的是在互通貿易的基礎上，開啟了經濟技術交流與合作的先河。泰方邀請中國的陶瓷工匠到泰國傳授技藝，燒製出了很獨特的宋加洛彩瓷產品，延續至今。另一個具有重要意義的事件是，西元一二九五年，當時的暹國同馬來半島上的馬來人部落發生了糾紛，元朝曾經居中調解，使

十八世紀《皇清職貢圖》中的暹羅國夷官和官婦形象（供圖：FOTOE）

矛盾平息了下來。

西元一三五〇年泰國的大城王朝建立之後，暹羅這個泰人的民族國家實現了空前的統一和強大，其勢力逐步超過了真臘。它同中國的關係也日益加強，並呈現出兩大特點，即：一是互派使者和人員交往非常頻繁；二是貿易往來上互為優先。據《明會典》記載：洪武十六年（1383 年），凡勘合號薄，始給暹羅國，以後漸及諸國……暹羅國暹字號勘合一百道。同年，大明皇帝曾遣使先去暹羅勘合，並賜織金、文綺和瓷器等。

西元一九六七至一七八二年的泰國吞武裡王朝雖然存在時間很短，但在對中國關係上同樣有其特

點。激烈的抗緬戰爭對泰國造成了嚴重創傷，所以恢復生產、重整經濟成為第一要務。在這方面，鄭信大帝既鼓勵擴大對華貿易，也鼓勵引進外來人力資源，其中主要是華僑華人。

節基王朝一七八二年在曼谷建都後，拉瑪一世皇帝在治國方面有不少重大舉措：一方面提倡佛教，使民眾「修心齊志」；一方面整治朝綱，使官員「依法勤政」。在對華關係方面，拉瑪一世和他的後輩們都注重繼承前朝的政策，通過擴大對華貿易，促進社會經濟發展，發揮華人華僑在社會經濟建設中吃苦耐勞和勤勞致富的優勢，鼓勵他們參與曼谷和其他地區的水利、交通和城市建設。

泰國素可泰古城遺址
（供圖：FOTOE）

當然，節基王朝的各個時期在處理對華關係上也有不同的時代特點。例如：在十九世紀中後期中泰兩國各自都面臨著西方侵略勢力的覬覦時，中泰官方關係曾經一度中斷；二戰時期日本侵占東南亞後，泰國華人華僑和華文教育的處境都出現過困難。此外，兩國國內的重大變革、二戰後兩大陣營對抗導致意識形態的尖銳對立，都曾經引起過相互之間的誤解和疑慮，雙邊關係疏密相間，時有起伏。但是，總體上說，七百多年來的兩國關係，是平穩的、正常的，是和睦友好的。泰國一直重視中國，尊重中國；也一直包容華僑華人，善待華僑華人。

「泰中手足情，綿延千秋好」，詩琳通公主這一詩句，既概括了歷史，也展望著未來！

培養中泰文化交流的中堅力量，讓我們和你們的友誼萬古長青

王清遠

（成都大學校長、四川省泰國研究中心主任）

我對泰國最初的印象來自書籍和電影。印象中，這裡有佛教之國的神祕、白象之國的美麗，泰拳的勇猛、倥舞的華麗，宋干節的歡笑、合十禮的優雅，這個「微笑的國度」擁有無數令人讚歎的名勝、獨特的文化和持續相傳的風俗習慣，是一個令人神往的地方。

二〇一四年，我到成都大學履職。成都大學與泰國政府及高校間的合作，讓我更近更全面地了解了泰國的風土人情及發展變化，更經常性、近距離地感受到泰國人民的友好熱情，並能夠為推動中泰兩國政府及高校的合作盡一點綿薄之力。

成都大學與泰國的友誼得益於成都市與泰國的密切合作與交流。二〇〇八年，成都大學在四川省高校裡第一個開辦了泰語言本科和專科專業。同年，成都大學成立了四川省第一個「泰國文化研究中心」；二〇一〇年，與泰國清邁大學共同建立了成都大學泰國語言文化中心；二〇一三年，根據國家「哲學與社會科學走出去」計畫，經過四川省教

育廳評審，學校獲准成立了「四川省泰國研究中心」，這是目前國內唯一一家由政府支持建立的對泰研究國際平台。二〇一五年，成都大學與清邁大學開展聯合培養知識管理碩士項目、聯合培養護理學本科「卓越護士」項目；與泰國國家發展行政研究院開展聯合培養經濟管理、旅遊管理、語言與傳播碩士項目；與泰國那黎宣大學開展聯合培養物流與供應鏈碩士項目等。成都大學依託人才、學科、科研方面的優勢，推動中泰友誼的深入，也吸納了泰國教育國際化的優良傳統，對學校的教育教學改革特別是應用型人才培養提供了許多有價值的借鑑。

越走越近的友誼

泰國王室長期重視教育事業的發展。在成都大學，有「詩琳通泰國語言文化課堂」，是二〇一一年四月八日詩琳通公主訪問成都大學並受聘為成都大學榮譽教授時建立的。以此為契機，成都大學開啟了與泰國各級政府和友好高校的國際交流與合作之路，與朱拉隆功大學、清邁大學、國家發展行政研究院、那黎宣大學、藝術大學及烏汶皇家大學等十餘所泰國知名高校簽署了合作備忘錄。

在詩琳通泰國語言文化課堂，我聽同事們講述了詩琳通公主殿下訪問成都大學時的盛況。當時，全校師生爭相一睹公主的風采，公主的親和優雅給成大師生留下了深刻印象，特別是她對中國文化的熱愛和她的詩歌寫作、攝影才華在校園被廣為傳頌。二〇一六年，我有幸出席了詩琳通個人攝影展在成都的開幕式，並參觀了攝影展，公主以其獨特、溫暖的視角向我們展示了她眼中的中泰友好世界。

二〇一五年四月一日上午，泰國清邁府管理機構主席本勒・本拉努巴功（Bunlech Buranupakon）、清邁府議會副主席阿里・猜康（Aree Chaikhan）、清邁府議會常務秘書長 Kitiboon Sumuntakun、教育廳廳長 Pairus Maichompu 等一行六人到訪成都大學。我代表學校參加了會談，進行了非常好的交流。我們重點交流了成大向泰國派出對外漢語教學志願者事宜，本勒・本拉努巴功談到，成大選派近三百名學生赴清邁實習，為清邁府的中小學學生學習漢語與中國文化提供了極大幫助，希望今後能夠選拔更多優秀的學生前往清邁府。我感受到他們對

王清遠校長應泰國駐成都總領事潘媞葩（右）邀請，參加詩琳通公主攝影展開幕式。

中國、對中國文化的尊重與熱愛。我們共同簽署了「成都大學關於赴泰王國對外漢語教學志願者」項目協議書，將前期合作的模式固化下來。

二〇一六年三月二十九日至四月二日，我應邀率團對泰國進行了訪問，同清邁大學、國家發展行政研究院等泰國著名高校負責人就學校學科建設、師生交流、學術交流、國際化發展等方面問題進行了會談，與友好合作夥伴們達成全面開展教師互訪、學生交流和科研合作三方面合作的協定。特別讓我高興的是，我們與清邁大學開展醫學和護理專業 2+2 本科聯合培養項目、知識管理碩士聯合培養項目，與泰國國家發展行政研究院開展經濟管理、旅遊管理本碩聯合培養項目和博士獎學金項目都得到了雙方的認可，成大與泰國高校合作的層次得到進一步提升。

越來越廣闊的交流平台

在與泰國合作交流的基礎上，二〇一三年，成都大學「四川省泰國研究中心」獲准成立，成為四川省區域和國別重點研究基地之一。學校依託該中心，為四川省實施「走出去」戰略提供研究成果依據、交流平台支撐和優秀人才集聚載體。近年來，中心主要通過文學藝術、文化交流和國際教育三重維度的文化外交領域的研究，從全球視角看待中泰、川泰文化外交問題，從泰國（東南亞）視角反觀中國文化外交熱點問題，以客觀負責的研究為政府以泰國為中心、輻射東盟十國的文化外交戰略發展提供智力支持和決策諮詢。

我們積極推動國際人文交流，僅二〇一五年，中心就接待中泰兩國知名高校和研究機構的專家四百餘人，開展涵蓋多語言服務、川蜀文化國際傳播等的學術講座三十餘場，為泰國風情文化週、中泰傑出青年論壇、成都友城高校論壇等提供同聲傳譯、陪同翻譯等志願服務。特別值得一提的是，我們與清邁大學聯合培養的十二名研究生參與設計的「易漢語」學習軟件和互動教材得到了中國國家漢辦的支持，為泰國學生學習漢語提供了方便。

越來越多的中泰文化交流中堅力量

二〇一六年六月二十四日上午，我出席了在成都舉行的「中泰傑出青年論壇」，八位中泰傑出青年作了主題演講，我校泰語教師擔任同傳翻譯。一百六十餘位來自中泰兩國的傑出青年齊聚一堂，圍繞中國發展對中泰兩國青年事業帶來的機遇、中泰兩國青年如何看待中華文化傳承發展、中泰青年在各自青年組織建設過程中的經驗與做法等主題展開討論。推動中泰友誼萬古長青，青年是重要力量。作為在省內最早開辦泰語專業的高校，我們堅持以中、英、泰三語人才培養為目標，即學生在校不僅深入學習泰國語言，對英語的掌握要求也非常高，

王清遠校長一行在曼谷訪問泰國國立發展行政學院（NIDA），會見院長帕蒂德（右）。

與此同時，還要參加中國特色文化的集訓，例如中國書法、太極以及傳統舞蹈等，以便更好地傳播中泰文化。這種模式下培養的學生，能力普遍得到認可。

自二〇〇六年起，成都大學就開始了與泰國地方政府及高校的學生交流，先後有清邁大學、國家發展行政研究院、烏汶皇家師範大學等學校的學生代表團，以及泰國青少年學生代表團、素攀武里府青少年代表團等三百餘名泰國學生訪問我校。成都大學也先後派出四百餘名學生赴泰國清邁府行政機構、清邁大學、烏汶皇家大學等地區及學校進行交流學習。二〇一三年起，成都大學與泰國清邁府通力合作，每年派遣一百名左右同學至清邁各中小學進行漢語教學實習，受到當地好評。同時，該項目

王清遠校長和帕蒂德院長簽署成都大學與泰國國立發展行政學院碩士、博士研究生聯合培養合作協議。

得到中國國家漢辦的認可，被納入國家漢辦漢語志願者項目，國家漢辦為每位同學提供資助。

成都大學的泰語人才培養，已從原先的只針對泰語專業的學生，逐步拓展到涵蓋了泰語專業、英語專業、對外漢語專業、漢語言文學專業等各專業學生。我們先後派遣了幾十位教師赴泰國學習交流。泰國朱拉隆功大學、清邁大學、國家發展行政研究院等學校的教師也多次到成都大學進行學術交流，其中朱拉隆功大學、清邁大學的多位教授被聘為成都大學的客座教授。成都大學有濃厚的泰語文化氛圍，宋干節、潑水節、水燈節、泰語文化週等活動裝點著校園生活，泰語專科人才培養國內學習2年＋國外學習/實習1年、泰語本科國內學習3年＋國外學習/實習1年的培養模式為專業化泰語人才的培養打下堅實基礎。學生們對海外實習都充滿期待，並覺得受益匪淺。赴泰實習的學生們傳來的照片上，個個笑得燦爛如花。學生們說，從泰國回來後，感覺自己看問題的方式也有了變化，視野更開闊了。說起在泰國實習的感受，他們大多感慨時間流逝之快，並表示對泰國的文化風俗有了更深的了解，留存了許多美好的記憶。我們的學生中有通過實習留在泰國任教的，有回國從事泰國語言文化傳播的，他們已成為泰王國最真誠的「粉絲」，必將為中泰友好交流作出更多的貢獻。

後記

二〇一六年十月十三日，驚聞泰國國王普密蓬・阿杜德陛下逝世，我第一時間赴泰國駐成都總領事館弔唁，代表成大師生對普密蓬・阿杜德國王逝世表示深切哀悼。在弔唁函中，我寫道：「普密蓬・阿杜德陛下為中泰友誼作出了傑出貢獻，是兩國人民友好的重要推動者。成都大學將一如既往地高度重視對泰交流，傳承中泰友好，繼續推動和深化與泰國各高校和機構的合作。」

我與珠算

奇維・塔米薩拉
（泰國紡織工業協會會長、那黎宣大學醫學院
運營顧問，北京師範大學留學生）

珠算是中國古代的重大發明，伴隨中國人經歷了一千八百多年的漫長歲月。它以簡便的計算工具和獨特的數理內涵，被譽為「世界上最古老的計算機」。珠算是以算盤為工具進行數字計算的一種方法，被譽為中國的「第五大發明」，此前已被列入中國國家級非物質文化遺產名錄。

緣起

在我很小的時候，買東西時常會看到別人拿著一個大算盤來算。大家都認為，算盤是一種很神奇的計算工具。在中國，算盤也是一代代傳承下來的數學工具，特別是曾經在商場普遍使用。後來，我到了中國，有一天看到一個課程 —— 教小孩珠心算。珠心算一般用於數學，是有課本和練習冊的，算盤被作為一種算數的工具，學生邊算邊填數字，練到後面就不用算盤了。有些學生就用手指代替算盤，算盤上面的一顆珠代表五，下面的四顆珠每顆

都代表一，恰好與我們的手指相符：拇指代表五，剩餘四個手指代表一。用手指來算數，就不用算盤了。這種帶動作的也被視為心算，到了後來不再用動作，就真正進入了心算的階段。我看了這些，沒覺得有什麼新奇，直到有一天，我在香港突然看到有教小孩珠心算的，他的教學方法跟我以前看到的有所不同：沒有練習冊和課本，只是一個算盤放在那裡，通過耳聽、手動、眼看、口說來練習。我看到這個情景，我大吃一驚，因為他的那些動作就是將小孩的視、聽、動、說專注於一體，跟我們佛教中的打坐相似。打坐的要點就是把你的視、聽、嗅、味、觸覺集中於一體，這樣才能把心定下來。

我以前當過和尚，也修過所謂的禪坐或者靜坐，而且一直都在練習著，還曾經把家變成一個道場（所謂道場，就是把一個空間提供給每位想要產生靜定慧的人，我邀請佛教高僧來教大家怎麼打坐，並給大家解疑釋惑）。我在這方面的修練，至

奇維・塔米薩拉在成都大慈寺與泰國前任駐成都總領事郭梅特（中）、泰國總商會駐成都代表梅沙（左）合影。

今已有四十多年了。佛教的禪坐主張修靜、定、慧，就是要持靜、禪定、智慧。佛陀教導我們，需要培育以下三種境界：

1．修靜——心無雜念；

2．修定——致力於內心平靜；

3．修慧——培育智慧。

在佛教中，禪坐的方式有四十八種之多。其中有一種是把一個水晶球放在前面，毫無雜念地定著看這個球，然後再閉上眼睛，你好像還看得見這個球。如果你練得時間不夠長，閉上眼睛後可以看到這個球，但是在很短時間內這個球就會消失了，或

奇維．塔米薩拉在成都喝茶。

者是搖擺不定。這樣的情況就說明你還需要再練習，直到你閉上眼能夠把球不斷地縮小、擴大、轉動，從不同角度想像，這就是所謂心靈的那種潛能。如果達到這個境界，就不需要這個球了，假如我突然想到一個問題，我就會把這個問題從不同角度進行多層次的分析，一切好像透明似的，這就是真正的慧了。我想，當我們處理每一件事情都能有這種力量來幫助解決，那我們做任何事都會事半功倍。但具備這種力量的要點就是你的心要很定，要心無旁鶩。如果有一天我們能夠練到無論什麼事情都能運用禪坐思想來思考，並且這種思考的程度擺脫了所謂偏見、私見、他見，完全是真實透明的，那麼我們就會產生所謂的智慧。

我與珠算

在香港看到的那套珠心算，使我受到了不少啟發，開始有了更多的想法。我想，如果將珠心算和禪坐中的靜、定、慧聯繫在一起，就可以解決小孩在四歲到十多歲這一階段好動的問題。如果能夠在人生的早期讓小孩掌握靜定慧這種境界的話，那對他一生的影響是很大的。如果拿這一套來教小孩，讓他通過學習珠心算，數學方面得到提升，就會讓他比較有成就感，在這個過程中慢慢促進他集中注意力。如果注意力集中的深度能夠達到很長的時間，他就可以沒有雜念地完全將注意力專注在一件事情上。

在這個基礎上，我研究出了一套與珠算有關的**จินตคณิต**課程，其中「**จินต**」意為思維與想像，「**คณิต**」就如前文所說的那個球，只是我用的是算盤。小孩在不斷練習手動、眼看、耳聽的過程中，閉上眼睛就能在腦海裡看到這個算盤在動、珠子在動，這就已經達到禪坐較深的一個階段。然後以這個為基礎，我們不要算盤、不用數字，而把它變成另外的東西，比如我們聽到一個數字就能把它變成一個珠子在動：聽到五就看到上面的珠子在動，聽到三就看到下面的珠子在動，把五和三加起來，看到上面一顆和下面三顆一起，我們能把這個圖讀出來，就是八。其實，珠心算不僅僅是在算，同時也是在看，看這個演變的過程，然後成型的時候再把它讀出來，這就是其中的奧妙。我們在思維的過程中，一般都會說我們要好好想，懂得怎麼思考，懂得怎麼去想。我們培養小孩，就是希望小孩能夠自我思考、解決問題、有創造力。所謂想就是出現一個圖，我們能內在地看到那個圖。當我們聽到一個詞的時候，腦海裡會自然反應地出現一個圖。當我們不能反應出這個圖，就說明不懂這個詞。這時我們說知不知道，其實就是說我們的腦海裡有沒有看到這個圖。這個圖和我們的想是一體的，培養一個孩子的想像力、創造力，就是培養他把聽到的從一個符號變成一個圖的能力，而且這個圖要很清晰。如果這個圖不清晰，就表明他對這個對像一知半解。每個人所看到的圖都是不一樣的，差別在於每個人的經驗。如果對一個事物的經歷比較深，我們看到的圖就比較清晰生動；如果對一個事物接觸不深，我們看到的就是一個平面圖，沒有深度，沒有味道，沒有感動力。要想讓孩子的想像清晰生動，就要培養他這種構造的力量——這種力量一定要在他的心處於靜定的狀態下完成，如果是在不靜不定的環境下，那形成的圖就沒那麼完整了。所以，要培養孩子的思考能力，就要從定靜慧的境界上培養他這種經驗。

จินตคณิต課程的意圖在於發展定、慧、記憶和想像，以促進小孩的才華生成。這個課程是以自然為基礎將小孩帶入學習的過程中，讓他們能夠使用想像力，更好地將抽象的東西聯繫到自己曾經經歷的事物，將其轉化為一個具體的圖，從而比較容易地獲得知識，產生一種牢靠的記憶系統和快速的計算能力。

泰國中學的心算測試現場

學習**จินตคณิต**，一開始是讓小孩通過使用左右手一起撥算盤來得到鍛鍊，建立大腦的平衡，同時發展他們在工作過程中的 IQ（智商）和 EQ（情商）。教學中使用的算盤是經過特別設計的，大小、重量適中，手感良好，這些都是為了刺激手指神經，然後間接刺激到左右腦的腦細胞；同時使用教學技巧，讓小孩能夠在大腦裡牢記這個算盤的畫面，然後他不用想就能夠正確和快速地運用於算術之中。這就是小孩使用想像力的結果。

除此之外，教學氣氛也是一個小孩發展其已有的想像基礎的要素。教學者的教學方式和技巧可以促進小孩一直快速地回答問題，這是間接地訓練小孩定力的方式。

จินตคณิต課程教學可以分成四個階段：

第一階段：發展定心（Meditation） 作為初始階段，以發展學生的定力為基礎，使其產生興趣，不再心神不定，使得學生對每個學科都建立信心、勇於表達自己和接受他人。在這個階段，通過同時使用左右手一起撥算盤算加減來鍛鍊技巧，通過使用算盤快速地在大腦中計算，同時鍛鍊定心、自信和表達自我的勇氣。

第二階段：發展知覺（Perception） 這是為了發展小孩在周圍環境中繼續學習知識的能力，包括多角度的想和思考，將想轉化為具體的清晰的事物。為了使小孩巧妙地分析問題並記憶這個過程，

จินตคณิต課程在泰國知名電視節目中展示。

這個階段主要強調繼續使用定心來多角度的接受知識、鍛鍊記憶、鍛鍊觀察力和分析解決問題。

第三階段：發展想像力（Intuition） 這個階段的目標是發展完整的想像力，建立左右腦的平衡，同時理解和控制自己的情緒，包括建立創造力。對於小孩來說，將想像力用於學習中是有很多好處的，有助於維繫其在社會上的價值和解決不同的問題。這一階段將練習想像力技巧，使小孩產生創造力和自己的觀點看法。

第四階段：發展和完善情商（EQ） 這個階段著重強調正確合適地完善情商，控制自己的情緒，寬宏大量，善於觀察、理解和關心他人。總的來說，就是快樂幸福地生存在社會環境之中，並且和朋友在一起的時候要有寬廣的胸懷。

我通過**จินตคณิต**課程，讓學習者的心能夠定下來，而且能產生想像，利用想像能夠練成一套學習的方法，引導他在需要靜的時候，注意力一剎那就會集中，專注於一個問題或題目。如果每個人都能夠把已知的東西沉澱，讓出空間接納學習新的知識，對其一生都有好處，

小孩子的潛能的發揮，能夠使其在做人、思維、學習等方面擁有高質量的基礎。我的辦學理念是教育改變人生，我把這套培養人才和學習的方法傳播到社會上，讓更多的人、更多的孩子能夠發揮這種潛力。我希望他們學習之後能夠運用在日常學習和生活中，並且能夠照我的方法將每一科的內容作一個分析，先做一些材料，這樣，學生會在理解的基礎上記得很牢固。除了學習，他們在以後的很多方面都可以學以致用，並且獲益匪淺。

「中泰一家親」

泰中建交四十一年來，兩國之間的友好關係不斷發展和鞏固，文化交流也進一步深化。眾所周知，中華文化歷史悠久，博大精深，珠算作為其中

之一，其價值就非同小可。毫無疑問，在未來的日子裡，泰中之間的友好關係將進一步拓展，更加密切。相信泰中兩國會開拓更多方面、更多領域的合作，全面發展，互利共贏。

譜寫川泰交流新篇章

——記紀念中泰建交四十週年「泰國四川週」活動

朱遜

（四川省人民政府外事僑務辦公室國外僑務處主任科員）

中泰兩國是友好近鄰，兩國人民有著深厚的傳統友誼，「中泰一家親」的傳統理念已經根植於兩國人民心中。二〇〇八年「5・12」汶川特大地震發生後，泰國王室、政府、工商界、華人華僑等社會各界向四川災區人民提供了慷慨援助。二〇一三年「4・2〇」蘆山地震發生後，泰國駐成都總領事館組織了部分在川泰國企業和泰籍人士積極為蘆山災區捐款。為慶祝中泰建交四十週年，經外交部批准，在中國駐泰國大使館和泰國駐成都總領事館支持下，二〇一五年六月十八日至二十五日，由四川省外事僑務辦（四川省海外交流協會）、中國駐孔敬總領事館、泰國孔敬府和呵叻府、泰國四川會館暨川渝總商會聯合主辦的「泰國四川週」活動在泰國曼谷、孔敬、呵叻成功舉辦。這是四川省首次以慶祝中泰建交週年慶為主題，以泰國政要、主流社會以及華僑華人為主要受眾在海外開展的一次綜合性文化交流活動，是一次外交搭台、文化唱戲、拓展公共外交的成功實踐。中國駐泰國大使寧賦魁、泰國駐成都總領事郭梅特等出席相關活動。泰國主流媒體如國家電視台、《泰國日報》和中國主流媒體均進行了連續報導。活動擴大了四川在泰國的知名度，進一步促進了中泰友好和雙方在各領域的交往合作。

本次活動選派了二十七名來自四川藝術職業學院、成都市雜技協會、自貢雜技團、阿壩州歌舞團的演員赴泰，以富有四川文化特色和藏羌民族風格的歌舞晚會、反映四川秀麗風光和川泰交流合作的大型圖片展等泰國民眾易於接受的形式，在短短一週的時間裡，向泰國主流社會和華僑華人展示了中華文化的獨特魅力以及四川優良的投資旅遊環境。

四川省政府副秘書長、辦公廳主任蔡競出席曼谷和孔敬兩站活動並致詞。中國駐泰國大使寧賦魁、中國駐孔敬總領事李名剛、泰國素攀武里府府尹素批帕・宗帕尼、孔敬府府尹甘通、呵叻府府尹通猜、泰國駐成都總領事郭梅特、曼谷市副議長曼・乍能皖分別出席活動並致賀詞。中國駐宋卡總領事張晉雄、駐清邁代總領事邱薇薇、四川省外事僑務辦副主任唐宏以及泰國議會、各府政要，主流社會及華僑華人代表萬餘人觀看了富有四川文化特色的大型文藝晚會，近十萬人次泰國各界民眾參觀了展現四川經濟建設新貌和川泰交往的「錦繡四川」圖片展。

六月二十日晚，曼谷皇家海軍俱樂部貴賓雲

四川省政府副秘書長、辦公廳主任蔡競（左）與呵叻府府尹通猜・叻阿敦會談。

集、高朋滿座。近八百名泰國主流社會、政商界、文化界人士，以及華僑華人和媒體朋友出席了「泰國四川週」開幕式。

嘉賓們在開幕式前觀看了「錦繡四川」圖片展，他們對四川近年來經濟社會的高速發展以及與泰國的友好交往給予高度讚許，並對四川藏區和藏族文化有了全新認識。四川友好省府素攀武里府府尹素批帕・宗帕尼對九寨溝和都江堰景區的圖片尤為感興趣，他表示自己曾到過這兩個美麗的地方，這次在曼谷故景重逢感到特別親切。當得知現在可以乘飛機直接從成都前往九寨溝時，素批帕・宗帕尼府尹會心一笑，並高興地表示他的親朋好友們以後去九寨溝旅遊將更加方便了。一位泰國小妹妹在眾多圖片中一眼就認出了在四川出席慈善活動的詩琳通公主，並興奮地對著圖片叫道：「公主！公主！」詩琳通公主是傑出的中泰友好使者，深受泰國國民愛戴，她為促進中泰兩國人民的相互了解和傳統友誼，推動中泰教育、文化、科技等領域務實合作作出了積極貢獻。公主尤其鍾愛四川，她的六十歲生日慶典晚宴就是採用的川菜。

在開幕式結束後的文藝晚會上，泰國政要與演員們在晚會現場互動交流，氣氛熱鬧喜慶。出席活動並致詞的泰國前陸軍總司令兼國防部長切塔上將在接受泰華網採訪時表示：「我與中國有長久友好的關係，一直以來敬重中國人民和中國領導人。作為世界泰拳理事會主席，我將把泰拳運動帶到中國，促進泰中兩國關係進一步發展。」

在泰國東北部地區，四川省文化交流團受到了中國駐孔敬總領事李名剛和副總領事侯勁、孔敬府府尹甘通、呵叻府府尹通猜等中泰政要以及當地華僑華人社團的熱烈歡迎。六月二十二日，孔敬站活動在孔敬大學國際會議中心舉行，孔敬府精選了近五十幅反映泰國東北部地區社會文化風貌的圖片與「錦繡四川」圖片展的一百幅圖片聯袂展出一週，中國駐泰國大使寧賦魁、孔敬府府尹甘通、四川省政府副秘書長兼辦公廳主任蔡競等為圖片展剪綵。具有濃郁四川特色的精彩文藝演出吸引了超過三千名泰國主流社會和華僑華人觀看，晚會向泰國民眾推介了悠久獨特、多元開放的中華文化，展示了與世界同步、高速發展的四川風貌，受到當地民眾一致好評。六月二十三日，呵叻站活動在翁查瓦裡功大學舉行，一場突如其來的暴雨也無法澆滅泰國民眾和華僑華人們的熱情，原計畫容納三千人的演出場地遠遠無法滿足觀演需求，現場工作人員不斷加

四川省政府副秘書長蔡競（左1）陪同中國駐泰國大使寧賦魁（中）、孔敬府府尹甘通（右1）觀看「錦繡四川」圖片展。

座，最終，小小的會場擠進了約五千名觀眾觀看當晚的文藝晚會。川劇《變臉》瞬息變幻的臉譜令觀眾近在咫尺也難識玄機；川派雜技和柔術表演令觀眾歎為觀止；藏族歌舞的優美動人讓觀眾如痴如醉；魔術《中國風》變出的「川泰友好」四個大字更是掀起了晚會的高潮，掌聲此起彼伏，場內歡聲笑語不斷。演出結束，台下觀眾久久不願離去，起身致以熱烈而長久的掌聲。最後，中泰雙方演職人員與觀眾一同匯聚到舞台中央跳起了具有泰國民族特色的舞蹈，場面溫馨感人。

此次活動受到泰國主流媒體、華文媒體和中國媒體的高度關注。泰國國家電視台、中央中文電視台、國際中文電視台對活動進行了前期新聞專訪和全程追蹤報導，並在電視上滾動播出；孔敬府電視台和呵叻府電視台現場直播了在東北部地區的兩場大型文藝晚會，逾二千五百萬泰國電視觀眾收看了活動相關報導。《泰國日報》《國家報》《曼谷郵報》等泰國主流媒體高度關注此次活動，紛紛報導了活動盛況並給予高度評價，《泰國日報》在報導中稱：「泰國四川週活動讓泰國民眾近距離、全方位了解了來自中國四川的藝術文化精粹。」泰國《世界日報》、《星暹日報》、《亞洲日報》、《中華日報》、《新中原報》、《京華中原聯合日報》、《東盟經濟時報》、《東盟商界雜誌》、泰華網等華文媒體派員參加了活動並進行了相關報導，這些報導在泰國掀起了一場「中國熱」「四川熱」，有力宣傳了四川。《星暹日報》副總經理劉廣峰表示：「本次四川週活動規格高、規模大、場面震撼，晚會節目精彩紛呈，民間藝術表演精湛，是近年來不多見的國內團組來泰舉辦的大型文化活動，對於泰國人來說，這是一次感受中華文化的盛宴，活動使熊貓和『四川』二字深深印在了泰國民眾的腦海裡。」泰國媒體認為，當前「一帶一路」是全世界關心的熱門話題，學習中文的泰國人不斷增加，此次活動將對泰國的「中國熱」起到推波助瀾的作用。根據雅虎搜索引擎統計，含有「泰國四川週曼谷孔敬呵叻」關鍵字的相關報導超過十二萬條，無一負面報

雙方領導與參加「泰國四川週」文藝演出的中泰兩國演員合影。

導。

中國媒體方面，《四川日報》、《華西都市報》、人民網、新華網、中國新聞網、中國僑網、中國青年網、環球網、中國西藏網、新浪網、搜狐網、騰訊網、網易、四川文藝網、《川報觀察》、《成都全搜索》等各大平面和網絡新媒體均刊載了活動相關報導。特別是四川廣播電視台圍繞活動作了兩期報導，其中在六月二十五日十八點半播出的《四川新聞》中，「『泰國四川週』落下帷幕」作為頭條新聞播出，優酷、樂視等視頻門戶網站紛紛轉載了該視頻報導，截至目前，網絡點擊率已近七萬。

本次活動的成功舉辦離不開中國駐泰使領館的大力支持。中國駐泰國大使館作為本次活動的支持單位，寧賦魁大使親臨孔敬站活動現場指導並致詞。中國駐孔敬總領事館作為活動在孔敬和呵叻兩站的主辦單位，高度重視此次活動，動員全館力量，提前數月發布活動消息，協調孔敬府和呵叻府擔任主辦單位，鼓勵當地僑胞積極參與支持，邀請當地主流社會和媒體參與活動的宣傳報導。李名剛總領事更是全程出席了在東北部地區的每場活動並予以指導，確保了活動順利圓滿舉辦。

海外僑胞尤其是川籍僑胞是四川溝通世界的重要橋樑。本次活動在時間緊、任務重、工作人員少的不利因素下，藉助泰國四川會館暨泰國川渝總商會的平台，組織了一百多名川籍華僑華人充當志願者，確保了活動組織的順暢有序，高效安全。四川省海外交流協會副會長、著名川籍僑領謝暉全程參與了活動方案的制定和策劃，多次回川與省外事僑務辦磋商籌備細節和實施方案，努力協調演出和圖片展場地，積極公關開展泰國政要和媒體邀請，最大程度地提升了活動影響力。孔敬二十三個華人華僑社團和泰國潮州會館呵叻分會等僑團積極發揮人力、財力和在當地社會影響力的優勢，熱情接待四川代表團，全力配合孔敬總領館的工作安排，保障了活動的圓滿舉行。

此次活動的成功舉辦，使「四川週」主題文化交流活動成為四川省僑務公共外交活動的新品牌。

交流
篇

關於泰中教育交流的一些經驗和故事

本勒・本拉努巴功

（泰國清邁府行政管理機構主席）

張倩霞 譯

應四川省泰國研究中心盛邀，為「我們和你們」叢書之《中國和泰國的故事》撰文，作為清邁府行政管理機構主席，我深感榮幸。我非常高興能借此機會與大家分享一些泰中兩國之間為建立友好關係而展開的合作以及所取得的經驗。

「中泰一家親」

這句話，是每次我見到中國的手足和朋友時常常提及的，這緣於我的家庭具有中國血統。我的父親姓沈，汕頭人，一九二七年來到泰國清邁定居，他白手起家，剛到泰國時從事小商品買賣的工作。從前，我的家庭裡用潮州話進行交流。但由於父親到泰國後，我在這邊的學校接著唸書，因此日常生活中的交流不大能用上中文，這就使得我的中文特別是普通話水平有所退步。儘管如此，我也還能不失準確、措辭優美地和中國朋友交談。

提高中國語言與文化教育質量的計畫藍圖

在最初擔任清邁府管理機構主席的時候，我就有發展和提高清邁地區兒童及青少年外國語言及文化教育質量的打算，特別希望他們能通過英語和漢語這兩種語言與對應國家的外國人溝通交流。

我認為，英語是能夠用來與世界各國正式溝通交流的國際性語言，而漢語對於泰國則更重要，因為越來越多的中國人來到泰國旅遊和定居，中國也是促進世界尤其是東南亞地區經濟發展的重要國家。如果清邁地區的兒童與青少年能夠使用漢語進行交流，將會為他們的學習和工作創造更多的機遇。

我首先在我所主管的四所學校進行了試點工作，制定了堅持開展四種語言教學的政策，注重提高泰語、蘭納語（清邁方言）、英語以及漢語的聽、說、讀、寫能力。同時，我也有支持清邁府所管轄的其他學校發展的打算，以便讓更多學生具備同時掌握前面所提到的四種語言的能力。

泰中語言文化交流的起點（第一次合作備忘錄）

清邁地區泰中兩國學生間語言與文化的交流始於二〇〇九年十月時任清邁府府尹翁潘・立瑪南先生率代表團對中國四川省成都市的訪問。府尹先生此行的目的是為了清邁府與成都市之間能在發展公共事業、貿易以及投資方面建立穩定可持續的合作關係。那次，我未能隨府尹先生的訪問團一同前往，但安排了教育宗教文化辦公室主任，同時也是清邁府兒童青少年以及人民教育與生活質量發展事業部的負責人派拉・麥崇普先生隨行。

借這次清邁代表團訪問成都的時機，泰中雙方交換了清邁與成都之間語言文化交流方面的意見看法，並達成了成都大學學生志願者到清邁府的中、小學校進行漢語語言和文化教學實習活動的協議。這次訪問被認為是建立成都與清邁兩座城市之間友好關係的起點，使得中國語言文化教育深入發展到清邁府的各個中小學校。

當府尹先生的訪問團回國差不多一年之後，二〇一〇年九月十五日至十八日，成都大學外國語學院時任書記杜潔女士訪問清邁。她專程來拜訪我，我們一同商議了發展雙方教育合作的相關事項，並第一次簽署了為促進語言文化發展而進行的交換生項目合作備忘錄，啟動了成都與清邁第一屆交換生活動。

在這一屆的活動中，成都大學外國語學院泰語系專科的十四名大四學生來到清邁府各個中小學校，開始了他們的漢語語言教學及文化交流實習活動。每個學生都會說泰語，讓人印象深刻並足以讓清邁人民記憶猶新的是，全部十四名學生都有各自的泰語名字，並且每個人都有相同的姓，叫作「乍杜薩坤」。十四名學生被分配到九所不同的學校進行了為期八個月（2010 年 9 月 16 日至 2011 年 5 月 15 日）的教學實習活動，在清邁的這段時間，我叮囑各個學校要好好照顧他們的起居，帶領他們去泰國重要的旅遊和文化景點進行學習考察，如大皇宮、玉佛寺等。在眾多具有代表性的地方中，有一個重要的地點——海邊（這也是我後來才得知的）。因為四川沒有海，這些川內的學生們幾乎都沒去過海邊，參加此項目的所有學生都夢想著能去海邊遊玩。因此，我們又在行程中增加了一項前往海邊省份學習考察的活動。

上面提到的合作備忘錄的具體實施得到了清邁大學與成都大學共建的泰國語言文化中心的主任、現任成都大學泰國項目部主任查皮蓬・吉察坦（關國興）老師的幫助和支持，他為項目的磋商、雙方的聯絡及項目的實施都提供了很大的幫助。我向關老師詢問後才得知，「乍杜薩坤」這個姓是「四條河流」的意思，這和「四川」的含義一致。直到現在，我依然為關先生的睿智所折服。

在第一次合作備忘錄有效執行期間，成都大學陸續選送了四屆學生作為志願者中文教師和文化使者前來清邁城區及鄉村地區的各中小學進行教學活動。

發展泰中語言文化交流項目的第二階段（第二次合作備忘錄）

在第二次合作備忘錄執行期間，成都大學繼續選派學生前來清邁，且每屆的學生數量和參加項目的泰方學校數量都有所增加。每個學生志願者都能很好地調整自己以適應新的環境，同時也非常努力用心地為此前從未學習過漢語的零基礎學生授課，讓他們能在短短幾個月的時間裡具備漢語的聽、說、讀、寫能力。我們很想了解成都大學的人才培養計畫與具體實施過程，於是，二〇一二年九月四日至九日，我帶領包括清邁府教育事務管理主任、各學校校長或教務主任在內的四十人前往成都大學訪問。這次的訪問交流，我們除了了解成都大學外國語學院泰語系、英語系的教學情況之外，也了解了相關學院的人才培養模式，還進一步強化和密切了雙方在教育方面的合作關係。此外，我們調整、完善了與成都大學簽署的第一次合作備忘錄，以促

本勒・本拉努巴功訪問成都大學。

進雙方教育事業的進一步發展與質量的提高。九月五日，在成都大學，我與時任成都大學校長周激流教授簽署了第一次合作備忘錄的修訂版協議，同時也就清邁與成都各項合作的發展交流了意見看法。這次磋商讓我結識了直到今天也依然難以忘懷的又一位好友。

在清邁府行政管理機構與成都大學簽署的交換生項目中，我親眼見證了成都大學把非中文或師範專業的學生也培養成出色的老師，到國外從事漢語國際傳播的實例。我產生了這樣的想法：如果我們能互換真正在學校授課的優秀老師，或許能讓我們的學校、老師和學生學到中國學校的先進教育理念、方法和經驗，從而借鑑、吸收並應用到我們學校的日常工作和生活中去。於是，我鼓勵並促成了清邁府行政管理機構管轄下的東葛帕頓中學校長帕塔那普・西本楞先生與成都市雙華小學校長簽署了

清邁府與成都市友好城市協議簽署儀式後合影

關於小學師生交換合作項目的合作備忘錄。現在，雙方學校已經互換了好幾屆師生，取得了令人滿意的成果，也為其他好些學校提供了範本。

在第二次合作備忘錄執行期間，成都大學連續選派了三屆學生。

發展泰中語言文化交流項目的第三階段（第三次合作備忘錄）

由於雙方合作備忘錄的有效期為三年，因此，我在二〇一五年三月三十日至四月二日借跟隨時任清邁府府尹素立亞・巴薩班迪先生的政府團一同前往成都簽署清邁府與成都市建立友好城市合作關係的協議之機，於四月一日在成都大學與該校現任校長王清遠教授簽署了第二次合作備忘錄修訂版協議，這也被視為雙方的第三次合作備忘錄。

從二〇一〇年至今，成都大學一共選送了九屆學生前來清邁，參與學生多達四百零八人，而參加此項目的泰國學校也多達五十餘所，整個項目正朝著越來越好的方向發展。最特別的是第九屆的志願者，一共有五十位學生，來自三個不同的學校——除了之前與我們有著良好關係的成都大學外，還有成都信息工程大學和綿陽師範學院。

除了在發展泰中語言文化方面互換老師、學生之外，成都還給予了清邁府特別的資助，即每年為五名清邁府高三畢業生提供友好城市全額獎學金，

清邁府與成都大學合作協議簽署後雙方代表合影。左6為本勒·本拉努巴功，右6為成都市市長助理、成都大學黨委書記毛志雄，右5為成都大學校長王清遠，右3為關國興。

資助他們來成都大學讀本科學位，專業為國際工商管理。學生畢業後沒有任何限制性條款，也無須履行任何義務。如今，已經有兩屆學生入學。

從我前面所談及的全部經驗來看，清邁的老百姓和之前素不相識或不甚了解的中國西部的兄弟姐妹之間增進了友好關係，並取得了一系列有益成果。我相信，每個人都會同意我在文章開始部分所說的那句話：「中泰一家親。」

結緣玫瑰，牽手共贏

——成都與泰國友好交流剪影

李　利

（成都市人民對外友好協會副會長）

《小城故事》是鄧麗君最有名的歌曲之一。歌中的「小城」究竟在哪裡？有人說是台灣的鹿港，有人說在大陸的江南，然而更多人願意相信，這個「小城」是鄧麗君摯愛的清邁。二十年前，一代巨星鄧麗君在這裡香消玉殞。很多人是從她逝世的新聞裡，知道了泰國的清邁。也是從那一刻起，這個地方一下子變得世人皆知。有華人的地方，就有鄧麗君的歌聲，初識清邁，就是從鄧麗君開始。如今的清邁，儘管遊人如織，依然寧靜悠然、淡雅清新，是一個遠離喧囂、放鬆休閒的絕佳勝地。

清邁府（府相當於中國的省）是泰國第二大行政區，面積約二萬平方公里，人口約一百七十萬。平均海拔三百米，森林覆蓋率百分之七十三，年均溫度 24.7℃，年降水量一千二百多毫米。自然環境優美，氣候涼爽，是著名的避暑勝地。其支柱產業旅遊業產值占全民生產總值的百分之二十二點七，其次為工業、商業、農業等，主要產業包括農產品加工、畜牧、木材加工、建材和紡織等；農業方面，主要出產大米、黃豆、大蒜、蔥頭、龍眼和荔枝等。清邁市是清邁府的首府，泰北政治、經濟、文化中心，面積四十平方公里，人口約十八萬。十三世紀，孟萊王定都於此，後長期是蘭納泰王國的都城，至今仍保留眾多珍貴的歷史和文化遺跡，其中很多是代表著泰北燦爛歷史文化的古老寺廟。市內風景秀麗，遍植花草，尤以玫瑰花最為著名，有「泰北玫瑰」的雅稱。

二〇一五年三月，清邁府府尹（省長）巴薩班迪率團訪問成都，雙方共同簽署了建立友好市府關係協議書。經過成都市和清邁府政府多年的共同努力，雙方正式「辦了喜事」，成為國際友好城市，攜手前進，開展更為密切的交流與合作。二〇一六年六月，清邁府副府尹蒙可・蘇塞專程率團來蓉出席二〇一六中國・成都全球創新創業交易會之「友城市長創新論壇」，特別分享了清邁府在旅遊和服務產業中的創新舉措，與各國與會代表進行了深入交流。而此前，成都市與清邁府已重點在教育、文化等領域開展了密切往來：

教育培訓交流

由成都市人民政府主辦的全日製普通本科院校——成都大學與清邁大學、宋卡王子大學、朱拉隆功大學等十餘所泰國頂尖高校建立了友好合作關係，率先在四川省內開設泰語專業。二〇一〇年，

二〇一三年四月二十五日，泰國王子皇家學院院長司林南博士（Dr. Sirinan Sriweeraskul，右2）一行訪問成都大學。右3為時任成都大學校長周激流教授，左1為關國興。

泰國政府在全球設立的十個泰國語言文化中心之一——成都大學泰國語言文化中心正式成立；二〇一一年，泰國詩琳通公主親自在成都大學為「詩琳通泰國語言文化課堂」揭牌，並受聘為成都大學泰語言專業名譽教授。自二〇〇七年起，清邁府府尹、副府尹和清邁府行政管理機構主席（清邁政府行政長官）多次到訪成都大學。自二〇一三年起，成大每年派出約一百名學生赴清邁府進行對外漢語教學實習，該項目還被國家漢辦納入了國家公派漢語志願者計畫。成都泡桐樹小學於二〇一二年與清邁府蒙福學院小學部締結為友好學校，在泰方學校啟動和持續開展「泡泡課堂」，傳授中國傳統文化和成都地方特色課程。自二〇一四年「成都國際友城獎學金」設立以來，來自泰國清邁府和烏汶府的共五十餘名學生獲得獎學金，就讀漢語言文學、國際貿易等專業。二〇一六年六月，清邁府政府和曼谷市政府代表來蓉參加友城公務員交流項目。同期，清邁大學副校長、清邁皇家大學副校長也帶隊來蓉出席「二〇一六成都國際友城高校技術創新論

二〇一四年七月，清邁府青年文藝代表團來蓉參加「成都國際友城青年音樂周」。

壇」。

文化藝術交流

成都市品牌國際活動「成都國際友城青年音樂周」至今已連續成功舉辦八屆，基本每年都有來自清邁府的青年藝術代表團的積極參與：二〇一三年七月，清邁府副府尹阿迪頌・剛勒斯理率政府和藝術代表團來蓉助陣音樂周，隨團的十歲舞蹈演員小珍珠表演的刀舞給成都觀眾留下了深刻的印象。二〇一五年七月，清邁府青少年藝術代表團表演了泰拳舞蹈、樂器演奏，其中一位用泰國傳統樂器薩洛琴演奏了《小城故事》，表達成都與清邁的友城情深，深受觀眾的愛。二〇一五年，正值中泰建交四

十週年暨泰國駐成都總領事館設立十週年，成都市與泰國駐成都總領事館共同在蓉舉辦了系列慶祝活動，包括「中泰一家親」圖片展、「泰拳與青城武術」友好演出、二〇一五年成都泰國電影週、二〇一五成都溫江泰國文化商品周等，來自清邁府的商貿、文藝代表團現場助陣，為成都與泰國全面友好交流合作「紮起」，收到良好的社會反響。

除了與清邁府是姐妹城市，成都市與烏汶府也曾簽署《成都市與泰國烏汶府建立友好合作關係協議書》。二〇一六年五月，「天使之城」曼谷市也表示願意與成都市發展友好合作關係。

除了友城建設，成都與泰國在人文、經貿、投資、旅遊等多領域開展了務實合作。泰國駐成都領事辦公室二〇〇五年四月成立，並於二〇〇六年五月升級為總領事館。在總領館的支持和推動下，泰國已成為成都市關係最為密切、往來最為頻繁的東南亞國家之一，雙方在人員互訪、旅遊合作、經貿往來等方面取得了豐碩成果。

在成都紅星路步行街廣場舉辦的二〇一五「中泰一家親」圖片展

高層來訪

二〇一四年三月，泰國教育部副次長帕妮率團訪問成都，調研成都中小學教育情況，並與相關部門交流座談；二〇一四年四月，泰國素攀府府尹宗帕尼率素攀府商會和文化局相關負責人訪問成都，參加「中外知名企業四川行」活動，促進素攀府與川蓉企業的合作；二〇一四年九月，泰國前總理、泰中友協會長塔帕朗西來蓉出席第九屆中國東盟民間友好大會，共同發布了《成都宣言》；二〇一五年十一月，泰國駐華大使倪勇訪問成都，與市主要領導就進一步推動成都與泰國的務實合作交換了意見；二〇一六年九月，泰國文化部長威拉・諾帕那拉率團訪川，出席第三屆四川國際旅遊交易博覽會，並考察了成都寬窄巷子等本土特色旅遊文化資源；同月，泰國國家審計委員會主席猜實・達初坦率泰國青年菁英代表團訪問四川，與川蓉企業開展了深度交流，促進務實合作。

旅遊合作

二〇一五年，泰國來蓉入境遊客 50523 人次，同比增長 9.53%；成都赴泰團隊遊客 394597 人次，同比增長 54.04%，泰國在出境旅遊目的地中

排名第一。二〇一五年，泰國駐成都總領事館共辦理簽證約 19 萬人次。泰國航空已開通成都至曼谷每日往返班次，川航、東航和亞航已開通成都至清邁直飛航班。成都至泰國蘇梅島、甲米島等地也有包機直航。二〇一六年七月，西藏航空開通了成都直飛蘇梅島的定期航班。截至目前，成都直飛泰國的航點已達六個，平均每天有十一個航班從成都飛往泰國，以每班平均一百七十五個座位計算，每週從成都出發前往泰國的旅客可超一萬三千人。

經貿合作

二〇一三年，清邁商會與成都市工商業聯合會（成都商會）簽署了友好商會合作協議。截至二〇一五年十二月底，泰國在蓉投資企業達九十家，知名企業正大集團、開泰銀行已落戶成都。成都市也有數家在泰國投資的重點企業，總投資額達二千五百六十五萬美元。

自二〇〇五年開始舉辦的「泰國風情週」活動已成為泰國駐成都總領事館與成都市外事僑務辦聯合打造的品牌交流項目。每年，泰國內政部、泰國商會等泰方相關部門都會協助組織各地方代表企業參加。「二〇一六成都泰國風情週——友城風情漫蓉城」活動吸引了包括清邁府在內的泰國二十多個府的近五十個展商參加，商品包括家居裝飾、手工藝品、養生療方、新鮮果蔬、特色小吃等，得到「愛生活、懂享受」的成都人民的熱捧。還有泰國舞蹈演出、泰拳表演、泰國美食等活動，受到市民的喜愛。

細嗅清雅的「泰北玫瑰」，結緣繁華的「天使之城」，在「中泰一家親，相近族同源」、中泰關係健康穩定發展的大背景下，成都與泰國一定能不斷深化各領域合作、促進更加密切交流，為雙方人民帶來更多便利和福祉，在「一帶一路」建設中攜手創造新亮點，共同譜寫合作共贏的美好篇章。

構建中泰（東盟）社會文化共同體

——泰國清邁與中國西南三省的故事

阿諾普・蓬瓦特

（泰國教育委員會和國家研究理事會委員，

清邁大學國際學院前院長）

陳紅宇 譯

能參與「我們和你們」叢書之《中國和泰國的故事》的撰稿，我感到十分榮幸。這是一個激動人心且充滿意義的宏偉項目。借此機會，我想簡要介紹我的平凡故事，主要是我在二〇一二到二〇一四年間的經歷。期間，我曾擔任清邁大學國際教育學院院長，有幸為我校和中國高校、泰國和中國兩國人民關係的塑造、深化、合作、交流和理解作出貢獻。雖然我於二〇一四年底從清邁大學正式退休了，但仍繼續參與在教育文化方面的交流合作，這些令我興奮且感覺充滿意義的活動將清邁大學、清邁市與中國的大學聯繫在一起。我們的交流合作是清邁大學和成都大學共同努力的結果，更確切地說，正是為了進一步深化兩所大學、兩國人民和兩個國家之間已有的良好關係，我們才開展了這些交流活動。

背景

一九四九年十月一日是中華人民共和國成立的日子，二十天後，我降臨人世。回顧過去，思緒萬千，出生在如此偉大的歲月，是我莫大的榮幸。從我出生到一九七五年七月一日泰國和中國建立外交關係，這期間彷彿是命中注定或有意安排，泰國處於「自由世界」、反共產主義以及親西方的環境中，我和其他眾多泰國人一樣，自然而然對中國知之甚少，即便獲取到有關中國的信息，也是被徹底扭曲、編造、包裝之後系統化傳播的信息。但這仍未阻斷部分泰國民眾對中國革命的認同，泰國政府發現後，將泰國共產黨的支持和擁護者關進監獄，不過幸運的是他們並未被審判。

後來，受政策和環境的影響，特別是在一九八〇年泰國政府發布著名的「66 號命令」之後，那些為逃離軍事鎮壓和迫害而加入泰國共產黨的愛國人士，從叢林中走了出來，並通過和平的方式爭取過正常的生活。這種趨勢迅速蔓延開來，泰國人民公開談論中國甚至到中國旅遊的現象越來越普遍，有的泰國人甚至不顧國內訛傳的有關共產主義中國的恐怖觀點和故事，毅然來到中國。對中國的不良印象如「多米諾效應」般從泰國人民的記憶中迅速消退。目前，不僅越來越多的泰國人，如政府官員、商人、遊客和學者等因不同目的絡繹不絕地來到中國，越來越多的中國人也到泰國各地旅遊，這些都為彼此提供了最真實而有效的全面了解對方社會生活的寶貴機會。

二十世紀九〇年代末，我開始到中國訪問，難得的幾次訪問機會讓我見證了現代中國的壯麗，顛覆了曾經道聽途說所形成的對中國的認識，開啟了我長期的對華之旅。現在，令我更開心的是，泰中兩國人民似乎都能更多更深刻地了解對方。因此，如開篇所提，如今能參與有利於豐富和提高泰中兩國人民關係的活動，進一步增進兩國人民的友誼，我倍感榮幸。

第一站：雲南師範大學

二〇一〇年二月，我被任命為清邁大學國際學院代理院長，同年十月被任命為院長。我的工作之一是管理設立在雲南師範大學的泰國語言文化中心，這個中心於二〇一〇年一月二十九日成立，由我的前任創立，是在中國建立的首個泰國語言文化中心。雲南師範大學和清邁大學的管理者、教職員工及學生們參與的教育文化交流活動，開啟並加深了雙方在學術及專業方面的緊密聯繫；兩所大學所形成的戰略合作夥伴關係，構建起了兩所大學廣泛交流的大平台——雲南師範大學泰國語言文化中心。事實上，二〇〇五年前後，泰國教育部高等教育委員會就出台政策，鼓勵泰國北部的高等教育機構和中國南部及西部高等教育機構建立密切聯繫。這一政策成為雲南大學泰國語言文化中心成立的加速劑。中心成立當日，群賢畢至，盛況空前，來自清邁大學和泰國其他頂尖大學、清邁府公共和私立管理部門的負責人紛紛前往昆明參加開幕式。深得擁護的清邁大學校長彭薩克（Pongsak Angkasith）教授親臨現場，賦予了雲南大學泰國語言文化中心更高的榮譽。無一例外，彭薩克校長也出席了後期成立的兩個泰國語言文化中心的開幕式。自我接任國際學院代理院長開始，清邁大學國際學院就獨立與雲南師範大學的相關人員聯繫。總而言之，從雲南師範大學校長到學院員工，都被當作清邁大學與雲南師範大學、昆明市乃至雲南省人民之間聯繫的紐帶。由清邁大學校長和其他高級官員帶隊的代表團定期訪問雲南師範大學，參加校內外的各種教育文化交流活動。在我撰寫這篇文章時，雲南師範大學泰國語言文化中心成立已超過六年半。該中心積極招募昆明乃至整個雲南省的高中畢業生參加清邁大學的國際項目，並組織代表團到清邁甚至整個泰國考察。考察團由雲南師範大學的學生和教職員工、雲南其他大學的學生以及昆明市民組成。在我撰寫本文時，我們的聯絡人鄭昊先生和來自雲南師範大學、雲南及其他省份的二十多名教師一道，正在參加在清邁大學語言研究所舉行的為期一個月的培訓交流項目。

此時此刻，我不能不開心地提到另一件事。二〇〇六年，時任清邁大學人文學院院長、現任清邁大學主管國際事務副校長的龍姆·吉拉努功（Rome Jiranukrom）副教授和時任清邁大學人文學院副院長、現任語言學院院長連·洛維蒙空（Rien Loveemongkol）副教授做了泰中教育文化交流項目的初步工作後，二〇一〇年國際學院啟動並繼續餘下的工作，並在與成都大學外國語學院和國際合作交流處同事的一起努力下取得了成功。二〇一〇年末，在成都大學外國語學院泰籍外教、現任成都大學國際合作交流處泰國部主任的關國興（Chapiporn Kiatkachatarn）先生領導下，成都大學和其他大學數百位學生到泰國進行漢語教學，涉及清邁府五十多所中學、鄰近的清萊府和南奔府的二十多所中學，以及烏汶府、曼谷等地區的學校。二〇一六年八月的第一週，正是開學之際，來自中國的一千多名大學生參加了短期或長期的教育文化交流項目，這次活動正是由清邁大學語言學院舉辦。

二〇一〇年六月底，我和國際學院的員工再次訪問雲南師範大學，以進一步鞏固已建立的良好關係，從我們過去六個月的共同努力中汲取一些經驗，並為將於當年七月一日在成都大學成立的另一個泰國語言文化中心的揭牌儀式作準備。我們也邀請了魏紅教授參加此次揭牌儀式，她曾擔任雲南師範大學國際漢語教育學院和東南亞教育學院副院長，負責管理泰國語言文化中心的工作。揭牌儀式也得到雲南師範大學校長楊林教授和副校長原一川教授的鼎力支持。「一枝獨秀不是春，百花齊放春滿園」，魏紅副院長的同事、國際漢語教育學院院長助理楊葉華也對雲南師範大學泰國語言文化中心提供了有效幫助，他曾擔任了四年的清邁大學孔子學院院長。我們很榮幸擁有這些富有愛心、樂於助人，懷揣促進友好關係、增進彼此理解這一共同目標的同事和朋友。

第二站：成都大學

成都大學泰國語言文化中心揭牌儀式前幾天，我和同事們抵達成都，與成都大學的同事一起做好各項準備工作，迎接由彭薩克校長帶領的清邁大學代表團一行的到來。成都大學為我們提供了一處寬敞舒適的辦公場所作為泰國語言文化中心的辦公室，位於第二教學樓 2417 室，靠近現任外國語學院院長李萍教授的辦公室。外國語學院人才濟濟，從兩所大學合作開始，歷任院長有蘇聯波教授、黃鳴教授。當然，我們的關鍵聯絡人一直是關國興先生，他孜孜不倦地工作，同時得到時任成都大學國際合作與交流處、港澳台事務辦公室徐躍是處長和歐玉松副處長的全力支持。以上提及和很多尚未提及的人至今都是和我私交甚好的朋友。

二〇一〇年七月一日，為慶祝中泰建交三十五週年，由泰王國駐成都總領事館、成都市人民政府外事辦公室、四川省人民對外友好協會主辦，成都大學承辦的泰國—四川友好關係研討會暨成都大學泰國語言文化中心揭牌儀式在成都大學學術交流中心報告廳舉行。時任清邁大學校長彭薩克和成都大學校長周激流共同主持揭牌儀式，時任泰國清邁府副府尹兼秘書長蘇拉才、泰國駐成都總領事孫建功（Narumit Hinchirakarn）、四川省友協會長秦琳、成都市外辦副主任鄧錫軍等中泰兩國官員出席。與雲南師範大學成立的中心一樣，成都大學泰國語言文化中心成立六年多來，一直積極致力於中泰之間在更寬廣領域的合作。

值得一提的是，我們很榮幸和泰國駐成都總領事、領事及其他工作人員建立起親密的工作關係和良好的個人友誼，他們為塑造與加強清邁大學和成都大學、清邁人民和四川人民之間的長久友誼作出了巨大貢獻。事實上，從二〇一〇年開始，孫建功博士便是我的朋友兼同事，儘管比我年輕，但他對中國和中國人的了解比我要深刻。

二〇一一年四月八日，泰國詩琳通公主殿下為成都大學「詩琳通泰國語言文化課堂」揭牌剪綵，這是又一個讓成都大學和清邁大學，讓中國人民和泰國人民自豪的餽贈。以公主名字命名的教室只用於泰語系學生的教學，此教室就在成都大學泰國語言文化中心的對面。成都大學與清邁大學共建的泰國語言文化中心和泰國駐成都總領事館的工作人員積極合作，共同在成都大學校園內和成都市其他地方組織多種多樣的教育文化活動。

成都大學泰國語言文化中心的特別之處在於，它一直和遠在中國西北的寧夏回族自治區人民政府外事辦公室的朋友們保持著親密的聯繫，並為中國西北部與泰國的友好交往作出了積極的貢獻。在關國興先生和成都大學泰國語言文化中心同事們的有效組織領導下，我和時任清邁大學人文學院院長、語言學院院長、藝術傳媒與技術學院院長等經常前往銀川市，和銀川市高級官員、寧夏大學及寧夏市高中的行政人員、老師、家長、學生們討論共同關心的問題，一些參與討論的學生後來成為清邁大學國際本科生項目的學生。此處，我尤其要提及一些樂於助人、為泰中友好交往作過積極貢獻的個人，如二〇一一至二〇一二年任寧夏自治區外事辦公室亞洲處處長、現任外事辦副主任的張懷義先生及其

成都大學泰國語言文化中心剪綵儀式後，雙方互贈禮物。右 2 為時任清邁大學校長彭薩克，左 2 為阿諾普・蓬瓦特。

辦公室副主任張濤先生，自那時我們便成為親密的朋友，他們定期給清邁大學國際本科生項目和後來的研究生項目推薦優秀學生。我們十分感謝成都大學泰國語言文化中心關國興先生和外國語學院的同事們，他們一直幫助我們發展與銀川的友好交流。因為前文所述工作範圍的擴大，成都大學泰國語言文化中心已遷至新裝修的成都大學國際合作與交流處、港澳台事務辦公室辦公大樓，現在該處室由歐玉松先生任處長，他同時也擔任海外教育學院院長。關國興先生能力強、工作範圍廣，不僅包括與清邁大學有關的工作，還涉及中泰關係的所有工作，如今，他的工作還涉及除清邁府之外的泰國其他地方政府、省級行政機構、高等教育機構。

二〇一〇至二〇一四年，我作為清邁大學國際學院院長有幸參加了上述所有活動。感謝成都大學前任校長周激流教授對我的信任，委任我為成都大學四川泰國研究中心外籍專家和客座教授，讓我能夠連續於二〇一五至二〇一六年間在成都大學國際週作主題講座。我對這兩項委任充滿感激，會盡我所能進一步幫助和鞏固目前我們都非常滿意的雙邊關係。

第三站：廣西大學

我們的中國之旅從雲南昆明出發，沿東北方向一路北上，抵達四川成都，再沿東南方向南下，抵達廣西壯族自治區首府南寧。二〇一二年七月二十六日，第三個泰國語言文化中心在廣西大學成立，它得到了廣西大學校長趙豔林教授的全力支持。清邁大學代表團參加了當天的開幕式，代表團由彭薩克校長帶隊，成員包括副校長、院長和一些幾天前已參觀過雲南師範大學的人員。儘管因為昆明機場航班延誤和校長身體不適耽誤了幾個小時，但代表團最終還是在下午四點左右及時到達，參加了揭牌儀式。出席這次揭牌儀式的還有泰國駐南寧總領事館的領事 Kartoon Lirdluckanawong、其他大學和私營機構的部分代表，以及一些中泰學生等。此外，我們必須感謝許多廣西大學的朋友，正是他們的幫助使廣西大學泰國語言文化中心充滿了生機與活力。郭宇路便是其中之一，他當時是廣西大學國際交流處副處長、國際教育學院副院長，也是我私交很好的朋友。當我在南寧準備揭牌儀式期間，他給我和我的職員提供了巨大幫助，為中心購買所需設備和必備辦公用品，我們共進午餐和晚餐，探討中心的未來。無論何時，只要來自清邁大學的代表團訪問廣西大學，郭宇路先生和他的同事都會提供幫助，使訪問儘可能地順利進行。世間往往存在很多機緣巧合，在我撰寫這篇文章的時候，郭宇路先生正擔任中國駐清邁總領事館的領事，那裡是我的故鄉，也是清邁大學所在地。我希望清邁大學能充分利用他在我們主校區附近的便利，來強化和增進清邁大學和廣西大學的關係。如果成都大學泰國語言文化中心的經驗能夠在廣西大學得到複製並完善，那將為兩所大學的進一步合作添磚加瓦，這也是中心存在的意義。

同昆明的泰國語言文化中心一樣，文靜女士負責管理協調的廣西大學泰國語言文化中心，無論何時組織文化活動，大家都踴躍參加，例如潑水節和水燈節，不僅廣西大學學生、教授和職員參加，老撾、越南、緬甸和印度尼西亞等國駐南寧總領事館的高級官員也被邀請參加，這使他們在中國便可感受到兼有東盟和中國社會文化的活動氛圍。由於南寧和昆明被作為中國對東盟開放的關鍵門戶，如果能得到合理的管理和充分的支持，廣西大學和雲南大學的泰國語言文化中心就能服務於一個重要目的——不僅在泰國和中國之間，同時也在建有此中心的東盟成員國的城市之間建立更好的關係。

術業專攻，朋至遠方，日交越篤

為了與中國南部高等教育機構建立戰略合作關係，清邁大學於二〇一〇年初開始探索學術、專業走現代化和謙遜學習的道路，至二〇一二年七月建立起了值得珍惜和維護的「術業專攻，朋至遠方，日交越篤」的三角關係。從雲南的雲南師範大學到四川的成都大學，然後延伸到寧夏回族自治區銀川市，再回到廣西壯族自治區的廣西大學，三所大學構成了地域上的三角關係。清邁大學和以上三所大

二〇一〇年，清邁大學舉辦中國文化交流活動，來自成都大學外國語學院、正在清邁府中小學進行漢語教學實習的四川省第一批泰語專業學生應邀表演四川民族舞蹈《俏花旦》。圖為阿諾普・蓬瓦特（中）與學生們合影。

學為此傾注了大量心血，充分利用各種資源，才讓三角關係穩固地建立起來。這一切都源於幾所大學的共同努力。與此同時，清邁大學也期待能讓泰國學生在清邁大學主校區學習中文及中國文化。在雲南大學成立第一個泰國語言文化中心之時，清邁大學的孔子學院已成立五年多，該孔子學院不僅面向清邁大學的學生和工作人員傳播中華文化，也為整個泰國北部的高中提供了同等機會。孔子學院還定期為公眾舉辦精彩的中國文化活動，因此，雲南師範大學和廣西大學的泰國語言文化中心與孔子學院並不衝突，我個人把它們看作未來成就更大發展道路上的一小步。給我印象最深刻的是清邁大學和成都大學恰到好處的合作，它得到成都市乃至四川省的認可，被當作高等教育機構之間可持續和具體的教育文化交流與合作的典範。在此，我要特別感謝成都大學的關國興先生。他是泰國華裔，工作生活於泰中兩個國家，對泰中文化及傳統懷有深厚的見解和由衷的讚賞，並誠摯地希望兩個國家緊密相連。他為成都大學泰國語言文化中心成為典範而孜孜不倦地工作，並自願全程協助雲南師範大學和廣西大學的泰國語言文化中心。在我從清邁大學正式離職的前一週，即二〇一四年九月二十五日，關國興先生還在廣西大學南寧校區會見、培訓雲南師範大學的協調員鄭昊先生和廣西大學的協調員文靜女士，以及來自清邁大學國際學院的代理院長及行政工作人員等。此外，二〇一三年六月，四川省泰國研究中心在成都大學成立，是對成都大學學者及相關人員，特別是外國語學院工作人員不懈努力的最好肯定。我堅信，我們可以讓這種三角關係變得更加美好。在迄今已取得成績的基礎上，我堅信我們能為「術業專攻，朋至遠方，日交越篤」三角關係的鞏固和發展作出進一步貢獻。

東盟共同體包括三大支柱：政治安全共同體、經濟共同體、社會文化共同體。我認為，該組織應該邀請中國加入。有關東盟支柱的論述通常集中於經濟、政治和安全，在我看來，這沒錯，但也不全對。我認為，只有社會文化共同體發展了，政治安全共同體和經濟共同體才可能持續發展。以上介紹的一小段時間內有關泰中兩國的簡略平凡的故事代表著一股教育、社會和文化的力量，相信這股力量有助於形成牢固可持續發展的社會文化共同體，進而形成牢固可持續的東盟共同體，最後在東盟、泰國和中國三者間形成牢固可持續發展的關係。

我可能無法說出在昆明、成都、銀川和南寧認識的所有同事朋友的名字，但我會將大家銘記於心，因為你們、我和許多清邁大學的朋友一起做了很多有價值、有意義、有收穫且值得學習的事。儘管這些小事平凡不起眼，但積水成淵，所有的努力與付出定能為子孫後代的發展鋪平道路，為他們構建更加宏遠、更有價值、更有意義的未來。

四川——中國中西部陸上絲綢之路的戰略要地

蔡百山

（泰中文化經濟協會副會長兼秘書長）

儘管在泰中兩國逾千年的交往歷史中，泰國與四川省的往來不如與北京、上海和廣東那麼密切，但大部分泰國人對四川的熟知程度並不亞於北京、上海和廣東。泰國遊客很喜歡到四川旅遊，對四川印象深刻,這是因為泰國舉國上下都喜歡讀《三國演義》。讀了三國便知劉備、孔明，自然也認識了四川。四川是重要的後方基地和戰略要地，劉邦便在此發展壯大，建立起統治中華大地長達四百年的漢王朝。同樣，三國時期的劉備也是在此發跡。

本人從事泰中關係方面工作已三十餘年，現在擔任泰中文化經濟協會秘書長。我們協會與中國國際友好聯絡會（簡稱「友聯會」）是兄弟協會，兩會一直致力於共同推動泰中兩國政府、軍隊和民間的交流，我也有幸三訪四川。早在十多年前，泰中文化經濟協會便向泰王國政府提議在西安、成都、南寧、廈門、青島增設領事館，協助泰國政府完成了發展泰中關係的「ป」（泰文字母）字形戰略區域規劃。我有幸成為泰國駐西安、成都、廈門領事館選址工作組的一員，還協助提名和挑選了泰國駐成都總領館首任總領事。總領事盡職盡責，為泰國—四川關係的發展作出了應有的貢獻。這也要感謝友聯會四川分會的領導們一直給予我們真誠的幫助。每每想起四川，我都不曾忘記這些中國朋友們的功勞和貢獻。最近一次到四川已是六年前，我從中國主流電視媒體上得知，現在的四川比我當年看到的更繁華了。基於三十多年來對泰中關係的理解和情懷，我願從一名泰國友好人士的角度講述中共十八大後，在中國不斷推進習近平主席提出的「一帶一路」戰略的形勢下，四川省面臨的重大機遇和將發揮的重要作用。

四川省擁有充足的人力資源、強大的經濟實力和豐富的發展經驗，是中國四個人口數接近 1 億的省份之一，僅次於廣東、山東和河南；更是中國西部大開發戰略的核心地帶，其崛起和機遇非常值得

二○一二年十二月七日，中國國務院僑辦副主任馬儒沛在北京會見以蔡百山（左）為團長的外國政府官員中文學習班泰國往屆學員訪華團一行。（供圖：中新社）

關注。我認為，無論從地緣、人口、交通還是信息網絡等方面來看，四川省都是中國中西部地區絲綢之路的重要戰略要地，足以形成覆蓋中國大片區域和容納眾多人口的巨大網絡，也能夠通過緬甸—老撾—泰國便利地實現與東南亞各國的聯通。目前，中國東部沿海地區和中部地區的發展程度之高令其他國家難以企及。中國共產黨和中國政府高瞻遠矚，把發展區域擴展至全國各地，尤其是作為西部大開發戰略的核心，四川省正在符合其新時期戰略地位的基礎上迅猛發展，其成就必將震撼全中國，並將把這種和平發展、不斷壯大的好勢頭傳遞到青海、新疆、西藏及西南地區。

泰國國王普密蓬·阿杜德陛下曾發表聖諭：國家要穩定，形成凝聚力，必須依靠發展。泰國也曾通過走發展的道路卓有成效地解決了冷戰末期的國內矛盾，使國家在此後三十年中得以回歸安寧，進入和平與持續發展時期。而習近平主席提出的「一帶一路」戰略，就是堅定不移地走和平與發展道路的重要戰略，符合時代需要，必定勢不可擋。在西方勢力把「矛盾與戰爭」之風颳向全球，不斷在各地區製造矛盾、挑起戰事，令全人類陷入前所未有的災難之時，習近平主席提出的促進世界各國尤其是陸上和海上絲綢之路沿線國家的互聯互通、交流合作及互惠互利的「一帶一路」戰略，成為象徵和平與發展的「東風」吹向世界，有效遏制了西方的「矛盾與戰爭」之風，引領世界格局發生自二戰結

二〇一四年十一月九日，中國國家主席習近平在北京人民大會堂會見來華出席 APEC 峰會的泰國總理巴育。（供圖：中新社）

東以來一次顛覆性的變化。東風將蓋過西風，和平與發展之風將壓倒矛盾與戰爭之風，引領全人類真正邁向即將來臨的永恆和平時期。

泰國雖小，人口也不多，但在東盟十國中，泰國是唯一一個與中國有逾千年邦交歷史、而且沒有歷史遺留問題的國家。中泰關係的發展，就是一段友好交往、真誠相待的歷史，可以歸結出三個特點：血緣相親，情同手足，肝膽相照。正是基於如此緊密的聯繫，泰國對「一帶一路」戰略的認識和理解絕不輸給其他東盟國家。二〇一四年五月二十二日，巴育政府在全泰國人民的支持下成立。本屆政府對華態度一向明朗，視泰中關係為中國—東盟關係的脊樑和支柱，將中國—東盟關係視為地區和平穩定和繁榮發展的重要保障。泰國是最早發聲支持習近平主席提出的「一帶一路」戰略的國家，並於二〇一四年底在北京舉行的 APEC 峰會上宣布將加入中國發起創立的亞投行。本人也曾在五年前便先後受中聯部和中國和平發展基金會的邀請，參加「和平與發展」及「絲綢之路」主題學術研討會。近三年來，隨著對當代絲綢之路概念的認識更加清晰，泰中文化經濟協會也在曼谷舉辦了「絲綢之路」主題研討會，協會領導多次受邀到中國或其他國家發表關於絲綢之路的演講。泰國非常重視中國四川的發展。現任副總理頌奇博士曾擔任過泰中文化經濟協會會長，在與友聯會雲南分會介紹的中方企業交流後，他馬上授意商務部長做好提升與中國四川、廣東和山東三大省關係的工作，還特別強調要加強貿易、投資和旅遊方面的往來。最近，商務部長本已做好組團訪問四川的準備，但因急事推遲了行程。我真心希望這個進程能夠繼續向前推進，將來不斷造福泰國和四川人民。

我堅信，在落實習主席提出的「一帶一路」戰略過程中，四川省將迎來重大機遇並發揮重要作用，同時也將肩負起促進和平與發展的光榮使命。作為泰國人，我迫切希望泰國與四川的關係更上新台階，盡早實現互聯互通。因為這將建立起中國中西部與東南亞，尤其是與泰、緬這兩個東南亞西部大國的互聯互通網絡，讓其成為創造和平與發展、為該地區人民帶來福祉的另一重要戰場。我期盼著以四川為中心的中國中西部開發戰略取得成功，更期望中國與東南亞尤其是與泰、緬兩國的聯通早日實現。

我的泰語習得及運用之路

蒙翡琦
（廣西民族大學東盟學院教師）

中國與泰國山水相依、文化相連，兩國人民友好往來有著悠久的歷史。在兩國好友往來的歷史長河裡，我能接觸泰國，感受泰國文化，結交泰國友人，真是感到既榮幸又開心。

喜愛泰國文化之緣起

二〇〇三年十月八日，中國國務院總理溫家寶在第七次中國與東盟（10+1）領導人會議上倡議，從二〇〇四年起每年在廣西南寧舉辦中國—東盟博覽會，同期舉辦中國—東盟商務與投資峰會。這一倡議得到了東盟十國領導人的普遍歡迎。至今，中國—東盟博覽會已經在南寧成功舉辦了十三屆。

如此重大的國際性活動，需要許多掌握東南亞國家相關語言的人才參與。二〇〇五年十月十九日至二十二日，第二屆中國—東盟博覽會在南寧舉辦。作為來自廣西民族大學的志願者，初學泰語的我當時也投身志願者服務的活動中，這對我是一次很好的學習機會。記得我被分配到泰國館，負責為泰國客商做翻譯。當時來參觀泰國館的觀眾比較多，館內人山人海。賣皮具的參展商參差先生在展位前忙得不亦樂乎，他所銷售的珍珠魚皮和鱷魚皮具比較有特色，不少觀眾都駐足觀看，詢問價格，了解商品信息。他努力地用有限的英語回答著大家的問題，還不停地比畫著。他的助手是一名年輕的泰國女孩，也不會中文，在旁邊焦急地看著參差先生接待客人們。當看到我們志願者路過展位前時，他們就熱情地打招呼，向我們尋求幫助。初次與泰國客商打交道，我感到他們十分有禮貌，而且講話語氣平和溫柔。我和同學張昌回立即幫助他們做起了翻譯，替他們接待來詢問產品信息的客戶。

由於我倆學習時間還不長，對泰語還不是很熟悉，因此只能用比較簡單的語句來和他們交流。有時交流並不順暢，但是他們很有耐心，猜對我們要表達的意思後還教我們用泰語怎麼說。閒暇之餘，參差先生的助手還會用泰英字典翻譯後教我們一些他們產品相關的單詞，激發了我們學習泰語、了解泰國文化的濃厚興趣。參展結束後，他們還送給我們許多泰國禮物，讓我們感到受寵若驚。這又增加了我們學好泰語的動力。

難忘的泰國留學生活

記得我第一次到泰國的時間是二〇〇七年七月二十日。當時，我參加了廣西民族大學與泰國商會大學的校際留學合作項目，到泰國進行兩個月的泰語學習。商會大學是泰國的一所較為有名的私立學校,為泰國社會各界培養了大批人才。商會大學面積不大，但地處曼谷市中心，當時學生也有四五萬人之多。泰國高校平常上課都是九點鐘開始，一直到中午十二點，午餐後一點鐘又開始上課。

抵泰之初，我看到大街小巷不少泰國人頂著烈日，卻穿著厚厚的外套。如此景象，令我百思不得其解。直到去上課的第一天，我才明白是怎麼回事。泰國天氣炎熱，早上八點多鐘氣溫就可以達到三十多度。由於住在校外，我每次早上走到學校都是汗流浹背的。每次走進教室，就有一股沁人心脾的涼爽撲面而來，令人感到非常舒服。在校園內，學生要求著統一的校服，男生是白色襯衣、黑色褲子，女生則是白色襯衣、黑色裙子。可以說，學生們穿的衣服並不多。泰國的課堂時間與中國也不太

蒙翡琦與陳鏡波（中）夫婦合影。

一樣，每節課是一個小時，而如果某個老師有三節課的話，他們也常常會連上三小時的課。這樣，問題就來了。如果誰穿的衣服少了，進教室的頭四十分鐘可以說是涼爽的，但四十分鐘之後就得受凍了。因為泰國人喜歡把空調調到最低的溫度，通常都是十六度。到這裡，相信大家都找到答案了吧。此後，我們去上課都習慣性地帶上一件外套，出門可以遮陽，室內可以防寒。

泰國老師對中國學生有一種親人般的感情。給我們班上課的泰國老師有貢老師、蓋老師、努老師等，他們都非常喜歡班上的學生，說我們非常勤奮刻苦。上課的第一天，貢老師就給班上同學挨個介紹了泰國學生作為學習夥伴，他們不僅幫助中國學生解決學習上遇到的問題，也幫助解決生活上的一些困難。記得當時貢老師喜歡在週末和節假日邀請學生和她的家人共餐，蓋老師喜歡帶學生出遊，而努老師則喜歡在上課時帶些泰國糕點給我們吃。幾個老師各有特點，對待我們中國學生都像對待自己的小孩一樣。同時，對於教學中學生遇到的問題，他們也是非常認真。如有一次我在報刊閱讀理解課後對一些問題不太明白，貢老師就把我叫到辦公室，又認真而耐心地給我講了快一個小時，直到我完全弄懂。這讓我頗為感動。此外，貢老師還經常借週末共餐之機了解我們的學習情況，並在交流中教會我們一些與社會生活比較貼切的泰語詞彙及句子的用法。因此，我們都暗暗地下定決心要把泰語學好，以不辜負她對我們的期望。

亦師亦友的中泰情誼

二〇一〇年夏天，我再次踏上曼谷的熱土，倍感親切。當時，我腦海中不僅僅凝聚著對它的熟悉，更重要的是在這塊土地上保留著那令人難忘的情懷。此次赴泰除了開展一些自己的課題調研工作外，就是去拜訪久別的「老」朋友了。二〇〇八年來泰國時，我有幸認識了一位華裔陳鏡波先生。陳先生是一個很熱情的人，每次見到他，都是一副精神煥發的樣子，讓我無法相信他已有七十多歲了。時隔兩年，我們再次見面，我內心中的喜悅難以用語言來表達。

我與陳鏡波先生的相識，還得從兩年前說起。那是二〇〇八年，我與朋友去曼谷的電器商場買照相機，當我們正在用中文討論相機的性能和價格時，旁邊一位戴著金絲邊眼鏡、精神矍鑠的老先生探頭過來，用非常地道的中文熱情地問道：「你們是中國來的吧？」我們當時愣了一下，心想，幸虧沒說相機的壞話呢。接著就答道：「是的。」「您也是嗎？」我們順口問道。「也算是的，我原來在中國生活過很長一段時間呢，」他回答。於是，我們便打開話匣子，慢慢地聊了起來。經他介紹，我們才知道原來他祖籍在廣東潮汕地區，他媽媽那一輩就到泰國來了。他曾經也在中國學習，還在新疆當過化學老師。他在大學認識的太太也和他一起在新疆教過書，之後才隨他來到泰國經商。聊完之後，他問我們想去哪裡玩，說可以開車帶我們去，還主動留下聯繫方式給我們，說歡迎我們聯繫他。他的這番熱情好客之舉，讓我們感覺特別溫暖。

再次與陳先生見面並暢談良久，我發覺他對當今中國社會的變化有著濃厚的興趣。陳先生曾多次到北京、新疆、上海、杭州等地旅遊，其目的也是要目睹改革開放後中國翻天覆地的發展變化。儘管去了多次，但他表示以後有機會還會再來中國觀光旅遊。陳先生回憶說，當年他在中國教書時，中國的經濟還相當落後，各方面物資極其匱乏，以致於當時一件皮衣或是一塊歐米茄手錶都屬於奢侈品。而今，沉睡了許久的東方「雄獅」已經覺醒了，並在日益壯大，二○○八年成功地舉辦了奧運會，二○一○年又成功地舉辦了上海世博會。他說，他也去上海參觀了世博會，看到世博會引起廣大國內外友人的濃厚興趣，每天就有幾十萬人前往參觀，而且連續不斷，這使他身臨其境地感到中國已今非昔比，讓他作為一個華人也感到自豪。

與陳先生談論和中國相關的話題時，我從他滔滔不絕的言談中充分感受到了他內心中那份對中國真摯的熱忱。陳先生說，他要感謝中國，感謝中國共產黨。當我問及他原因時，開始他戲謔地說中國賜給了他太太，他們是名副其實的「中泰一家親」。之後，他便告訴我說，感謝中國和中共是由於當時他在中國讀書，受了黨的教育，養成了吃苦耐勞和勤儉節約的作風，並且更重要的是學會了應用唯物論、無神論等思想理論，這對他在泰國創業和管理工廠起到了很大的幫助作用。我問他是怎麼運用的，他就用一個實例來說明：泰國是一個佛教國家，很多人都信仰佛教，他的工廠裡面的工人自然也不例外。泰國的建築有一個特點，那就是無論建築多大多小，都會有一個土地廟，行人走過它都會雙手合十拜之。而且，人們對土地神靈深信不疑。寓所裡的土地廟，住戶拜之，可求安康；工廠裡的土地廟，工廠人員拜之，則祈求生意興隆。有一段時間，工廠連續失竊，由於有幾十號員工，所以相對比較難查出嫌疑人，就算懷疑是誰，拿不出證據也沒有辦法。陳先生是個無神論者，正因為如此，他就召集大家一一到土地廟前發誓自己沒有偷東西。不出他所料，果然就有人不敢去，並直接坦白了所做之事。從這一小小的事件我們就可以看出，陳先生合理地運用一些在中國學習的理論知識，對於他管理自己的工廠有著很大的幫助。

對於到泰國學習的中國留學生，陳先生也熱心地提出了一些建議。他說他曾經在一些場合聽到或看到一些令人哭笑不得的翻譯。比如泰國人不太喜歡自己的名字被別人叫錯，因為語言嘛，發音一旦有些變化，意思也就相差甚遠了，有時甚至會鬧笑話。他舉了一個很有意思的例子：泰語中橘子唸作

sǒm，泰國人很多都叫這個名字，而如果不注意，就會把整個音發成 sǒng, 前者尾音是閉唇音，後者尾音是後鼻音。雖然只有這細微的差別，但前者意思是橘子，而後者的意思則是妓院，大相逕庭。除此之外，由於陳先生也會中文，他就能發現一些從泰文翻譯成中文的名字的錯誤，如：有個泰國人的名字音譯成中文應該叫作「正龍」，但他看到有用「蒸籠」來譯的，而蒸籠是我們用來蒸東西的用具，用來當人名實屬不妥。由此可見，在運用泰語時如不多加注意，很容易就會鬧笑話，甚至會令別人不高興。

身為泰國人，儘管陳先生和他太太已在泰國多年，但是他們夫婦那濃濃的中國情懷一直都沒有改變，反而隨著歲月的流逝而越發深厚。這讓我對他們非常敬重。

我的泰語應用之路

廣西民族大學泰語專業開設於一九六四年，至今已有五十年的歷史，先後招收了二十六屆本專科生、十二屆碩士研究生，為國家培養了千餘名泰語人才。多年來，泰語專業以培養能適應社會主義經濟建設及科學發展，具有紮實的泰國語言文化基礎和比較廣泛的科學文化知識，能在外事、經貿、文化、教育、科研、旅遊等部門從事翻譯、研究、教學、管理工作的泰語高級專門人才為目標。

二〇〇四年，我順利考入廣西民族大學外國語學院開始本科學習。二〇〇八年，我又有幸考取廣西民族大學外國語學院亞非語言文學泰語方向碩士研究生，師從范宏貴教授，主要從事泰國民族和文化研究，從此開啟了從事泰國研究的大門。從事泰國研究，對於學習泰語多年的我，可以說有很大的優勢。范宏貴教授在給我們上第一堂課的時候，講的是研究方法論，其中強調了應用對象國語言開展社會調研的重要性。當時剛考上研究生的我雖然將這句話也放在心上，但並沒有引起足夠的重視。我自以為泰語水平還可以，但一次泰語翻譯的失利讓我認識到了自己的不足。二〇〇八年十月，泰國烏隆府大法官馬泰臣先生在我們廣西民族大學外國語

二〇一三年九月，泰國時任總理英拉訪問廣西，出席第十屆中國—東盟博覽會暨中國—東盟商務與投資峰會。蒙翡琦（前排右2）參與接待。

學院設立了助學基金。在馬泰臣先生來校參加基金會成立儀式活動期間，作為生活陪同翻譯，我幾乎沒有在泰語運用上遇到什麼困難。待到基金會成立儀式時，學院領導又安排我做大會的翻譯，我當即答應下來。但仔細一想，我不了解會上要說的內容，而且之前沒有做大會翻譯的經驗，只能趕鴨子上架了。後果是可想而知的。我愣是一句沒有譯出來，腦子一片空白，感覺自己聽得懂發言者所說的每一句話的意思，但就是無法馬上轉換成另一種語言。幸虧我當時的泰語老師出來救場，活動才得以繼續下去。經過此次實踐，我仔細分析了自己的不足，主要是平時缺乏正規翻譯訓練，經驗不足，基礎不夠牢靠固，且缺乏心理素質培養。總結經驗之後，我便不斷加強泰語翻譯練習和心理素質訓練，使自己的泰語運用水平不斷得到提升。每次做完會議翻譯，我都要作總結，爭取下次做得更加完美。在此，我要感謝我的恩師範宏貴教授給我提供了許多泰語筆譯及口譯的機會，不僅讓我在泰語的運用上進步迅速，也讓我在泰國民族文化研究等領域不斷提升。在泰語翻譯方面，我多次受邀參加泰國領導人來邕的接待活動，如泰國副總理塔那薩、前商務部長吉迪拉、前總理英拉、前副總理功・塔帕朗西等。

在科研學術方面，我多次受邀到泰國參加國際學術研討會，並在大會上發言，相關觀點也得到了泰國學術界的認可。如二〇一二年赴孔敬府泰中文化交流中心參加壯泰族群文化研討會；二〇一四年八月應泰國國家研究院的邀請赴泰國參加第三屆泰中戰略合作研討會並進行大會主題發言；二〇一五年五月受邀赴泰國黎逸府皇家大學參加壯泰族群文化比較研究研討會等。所參加的相關活動，都使我受益匪淺，不管是在泰語語言的運用上還是對泰國的研究方面，不僅讓我得到了寶貴的經驗，也給我增添了極大的動力，使我在泰語學習及運用之路上不斷前行，永無止境。

友誼帶來偉大合作

——泰國烏汶與中國成都的故事

宋差·蓬闊帕那蓋
（泰國烏汶府商會會長）

烏汶府和成都市於二〇〇四年正式建立友城關係。當時，由於部分泰國華裔商人與廣州、成都商人合資做生意，他們將情況上報時任烏汶府府尹吉拉撒·咖薩尼亞卜先生，建議雙方建立友好城市關係。府尹先生於是邀請成都市市長、相關領導以及在成都乃至全國享有盛名的川劇團一同參加烏汶府舉辦的萬佛節慶典和由烏汶府商務辦事處主辦的成都商品展銷會。成都川劇團的表演，讓烏汶府人民得以首次觀賞這種傳統戲劇，且整場報以讚歎聲。上述兩項活動的舉辦給烏汶府人民留下了深刻印象，雙方在友城的基礎上建立起了民間友誼。

自二〇〇四年烏汶府與成都市建立友城關係以來，兩地政府高層、民間、各高校間的交往日益深入，產生了很多重要的成果。

教育及文化交流合作

烏汶府與成都市在教育及文化交流方面的合

作始於二〇〇六年啟動的高等教育合作，即烏汶皇家大學與成都大學間建立的雙方管理層互訪機智，後來逐步擴大到學院（系部）間的教育交流與合作。從二〇〇六年至今，烏汶皇家大學每屆中文專業都選送十名學生到成都大學進行一個學期的學習，以增強學生的語言及文化知識。同時，成都大學每年也選送十名對外漢語專業的學生到烏汶皇家大學進行中文教學實踐及中國文化交流培訓。再後來，雙方通過協商，將合作擴大到基礎教育領域。

互派交換生項目使泰中兩國學生有機會了解對方國家的語言文化和人們的生活方式。此外，烏汶皇家大學的學生還能將泰國各個節慶絢麗的文化藝術和國家印象展示在中國朋友的面前，甚至還有機會參與烏汶府與泰國駐成都總領事館共同舉辦的泰中商品展銷會，充當翻譯以鍛鍊自己的漢語言運用能力。這些活動是雙方城市間合作和新一代青年建立友好、互助關係的具體體現。長期以來，雙方高校管理層及教師代表就已建立良好的關係，在專業學科方面不斷地加強合作與交流，包括互訪、舉辦專業學科會議等。上述合作與交往成果的取得使成都市政府認識到向成都大學或周邊大學提供短期留學生獎學金的重要性。在成都方面提供的留學生獎學金的吸引下，烏汶皇家大學的留學生報名非常踴躍，從二〇一三年至今，有超過三十人獲得獎學金。

國際友城使節喜獲成都「國際友城使者」證書。（供圖：中新社）

我對烏汶和成都深化雙方關係及文化藝術交流的合作印象深刻。二〇一一年，我有幸作為烏汶府商會代表，隨時任烏汶府府尹素蓬・撒奔先生為團長的代表團赴成都出席「二〇一一成都國際友城週」活動。我十分佩服中國人嚴明的紀律和嚴格守時的態度，比如：到規定的時間便準時開會；安排重要人物位次的方式也有嚴格的規定；會議流程緊湊，對需上台發言或發表演講者規定發言或演講時間。從以上種種安排，可以看出中國人思維之嚴謹。此外，我對這次活動之一的「國際友城使者」頒證儀式尤其印象深刻。主辦方將各友好城市代表團帶到大熊貓繁育研究基地，分別與二十三隻大熊貓現場「配對」，並領取「國際友城使者」證書。此舉意在通過大熊貓使者進一步拉近各友城與成都的親密關係。每位友城代表團團長都收到了由中方命名的禮物——手繪大熊貓，烏汶府代表團收到一隻名叫「寶寶」（寓意珍寶）的雌性大熊貓的手繪畫像。在我看來，成都市政府非常重視與國際友城之間的友好關係，為讓各友城代表留下深刻印象，主辦方在細節上非常用心。

貿易與投資合作

烏汶府與成都市持續不斷地進行貿易與投資合作。過去一段時間，四川省政府和成都市政府為烏汶府的投資者們及相關項目負責人創造了機會，尤其是烏汶香米產業負責人經常參加泰國商品展銷會；在成都攻讀本科、研究生和博士的烏汶府青年在烏汶與成都及中國各省的貿易談判中作為雙語翻譯發揮了重要作用。此外，來自烏汶府的留學生與泰國商人一道，將廣受中國市場好評的小件商品源源不斷地帶到商品展銷會上，為烏汶府的新生代商人及投資者與成都商人及投資者做貿易帶來了足夠的施展空間。

宋差·蓬闊帕那蓋（中）在成都參加泰中商品展銷會。

四川省政府認識到促進農業創新與現代化的重要性，並與烏汶府及泰北各府一道應對農業旅遊需求。應中國駐孔敬總領館和四川省政府的共同邀請，烏汶府政府高層及民間代表參加了二〇一五年十一月十九日至二十三日在成都舉行的農業博覽會（第三屆四川農業博覽會暨成都國際都市現代農業博覽會）。府尹宋撒・章達古先生委任副府尹披素・卜撒亞奔蓬先生率烏汶府代表團以及泰國東北各府代表團前往。在十一月十九日的農博會開幕式上，四川省領導在致詞中指出，四川省將擴大與海內外的農業合作，以推動農業投資。如今，四川省的農業貿易與投資合作夥伴達二百多個國家和地區，農業貿易商們一致認為，應該共同發展農業技術與貿易，使其與農產品消費及其全球性變化相適應。

作為烏汶府商會會長，我考慮並看到鼓勵政府高層、民間保持和發展與成都市及中國其他省市在貿易投資方面的合作方式多樣化的重要性。希望烏汶府的貿易從業者能在發展與擴大上述合作中發揮作用，更加積極地參與中國的「一帶一路」建設。

匯聚中泰青春力量，共享中國發展機遇

——記「泰國華裔傑出青年四川行」活動

朱　遜

（四川省人民政府外事僑務辦公室

國外僑務處主任科員）

青年是國家未來發展的生力軍與中堅力量，也是促進中外友好的希望所在，海內外華裔傑出青年有著共同的訴求與期待。二〇一六年六月二十一日至二十八日，由國務院僑辦主辦、四川省外事僑務辦承辦的「泰國華裔傑出青年四川行」活動在成都舉行。此活動邀請了五十位在泰國事業有成、潛力突出的華裔傑出青年參會，活動主題鮮明，內容豐富，亮點突出。

六月二十四日首次舉行的「中泰傑出青年論壇」，以「匯聚中泰青春力量，共享中國發展機遇」為主題，包括泰國華裔傑出青年、在川投資僑商、科技創新企業負責人、優秀海歸青年創業代表以及大學學者在內的近二百名中泰傑出青年齊聚一堂，圍繞中國發展對中泰青年事業發展與合作帶來的機遇、中華文化傳承與發展、青年組織建設經驗等議

泰國華裔傑出青年代表在稻城亞丁。

題展開討論，進一步密切了中泰兩國青年之間的聯繫交流。

六月二十五日至二十七日，泰國華裔傑出青年代表團赴甘孜州稻城縣考察了桑堆鄉藏族民居、奔波寺、尊聖塔林、萬畝青楊林等藏區民生工程、宗教文化保護和生態建設的示範點，參加了甘孜州投資合作推介會，參觀了亞丁非遺主題社區、衝古寺、洛絨牛場等建設項目和旅遊資源。泰國華裔傑出青年們深切感受到藏族文化的獨特魅力與藏區蓬勃發展的經濟社會新貌。大家一致認為，四川藏區景色絕美、康巴風情魅力獨特，願組織更多泰國團隊來四川旅遊觀光。

此活動旨在增強海外僑社發展後勁與活力，參加活動的泰國華裔傑出青年大多受過良好教育，擁有國際視野，有的已經是知名企業高管和家族企業接班人，從事的行業包括：農業、進出口貿易、金融證券、旅遊、化工、建築和房地產開發、教育等。活動期間，通過舉辦題為「中國全面創新改革戰略及試驗區發展情況」「『一帶一路』與中國周邊外交政策」「中國歷史與傳統文化」「大數據創新實踐」「海外華僑華人現狀與中國政府的僑務工作」「中泰文化交流合作現狀與展望」的六場專題講座，播放《僑務工作巡禮》視頻，舉行以「匯聚中泰青春力量，共享中國發展機遇」為主題的「中泰傑出青年論壇」，組織泰國華裔傑出青年團赴成都正大集團、郫縣菁蓉創客小鎮開展現場教學，赴中國大熊貓保護研究中心都江堰基地和甘孜州稻城縣參觀考察等多種形式，緊緊圍繞國家發展戰略和僑務工作，以四川為樣本全方位展現了中國經濟社會發展成就，增進了泰國青年僑商、僑領對祖籍國的感情，以及對中國國情、四川省情的了解。

本次活動取得的成效主要有：

（一）宣傳了國家發展戰略與四川發展機遇。此次活動宣介了中國全面創新改革戰略及試驗區、「一帶一路」建設、「大眾創業，萬眾創新」等發展戰略，以及四川在此背景下的發展機遇和巨大潛力。泰國華裔傑出青年團對四川經濟社會發展取得

泰國華裔傑出青年代表在中國大熊貓保護研究中心都江堰基地。

的巨大成就印象深刻，紛紛表示四川資源豐富、文化深厚、商機無限。泰華進出口商會青年股主任劉秀文表示，四川的高科技優勢、勞動力資源和巨大市場與泰國華商大企業在資金和管理經驗等方面的優勢互補性強，泰國正大集團在川項目的成功就是最好證明，川泰拓展經貿合作空間大、前景廣。清邁大興旅遊有限公司總經理李人俊和騰達旅遊集團常務董事林奮騰表示，四川旅遊資源豐富，返回泰國後將推動川泰在旅遊業方面開展深度合作，設計從曼谷至四川（甘孜）的旅遊產品與精品線路，在泰國市場進行廣泛宣傳與推廣。

（二）推動了中泰人文交流與青年交流。此次活動的亮點之一，是首次舉辦以「匯聚中泰青春力量，共享中國發展機遇」為主題的「中泰傑出青年論壇」，為中泰兩國青年之間的溝通搭建了平台。國務院僑辦副主任譚天星出席論壇並在致詞中表示，中泰兩國青年相聚一起，交流思想、增進友誼、凝聚共識、共謀發展，極具意義。他希望與會青年能做「中泰世代友好的使者」「推進泰華繁榮的生力軍」「講好中國故事的金話筒」。四川省副省長朱鶴新在致詞中表示，中泰兩國人民的友誼源遠流長，川泰關係不僅基礎牢固、內涵豐富，而且潛力巨大、前景廣闊，四川將以更加積極的姿態加強與包括泰國在內的世界各國的交流合作，共享發展機遇，共創美好未來。

（三）拓展了周邊國家僑務工作與公共外交資源。泰國華裔參政人士和菁英人士眾多，在當地根基深厚、人脈廣博。活動以專題講座的形式向泰國華裔傑出青年們介紹了海外華僑華人現狀和特點、僑務機構和政策等內容，成都大學教師就中泰文化交流合作現狀與展望進行了生動的講解，增強了泰國華裔新生代對中國僑務工作的理解與認識和對祖籍國民族與文化的認同感。

後記

自一九七五年七月一日中泰正式建立外交關係以來，兩國關係就一直保持健康、穩定的發展。中國與泰國地緣相近、血緣相親、文化相通，泰國為促進中國—東盟關係發展作出了積極的貢獻。

四川省泰國研究中心承擔組稿工作的《中國和泰國的故事》（中、泰文版），是外交筆會和五洲傳播出版社聯合策劃出版的「我們和你們」叢書之一。該叢書的宗旨在於配合中國周邊外交和「一帶一路」建設。

四川省泰國研究中心成立於二〇一三年，是四川省國別與區域重點研究基地。四川是中國西部地區的資源、人口、經濟和文化大省，處於陸上絲綢之路和海上絲綢之路的交匯點，比鄰東南亞國家。中泰兩國的合作需求為中心的發展提供了良好的生態，四川（成都）與泰國的友好合作為中心的發展帶來了機遇。

《中國和泰國的故事》一書的定位是「講述中泰友好故事，傳播中泰人民友誼」，這與四川省泰國研究中心「行走在中泰友好交流的路上，搭建中泰友好橋樑」的定位不謀而合。所以，在愉快地接受了組稿任務之後，我們組織了編寫團隊，對此書的中泰兩個文版真心交流、精心打造、用心選擇。

為本書供稿的作者中，既有中泰兩國的外交、政商界人士，也有來自中泰國際交流協會在國家、省（府）、市層面的一線人員，有來自各大中泰研究機構、大學的學者和教師，更有來自中泰各高校、代表著中泰美好未來的留學生代表。這些作者以所聞、所見後的切身感受為敘事內容，以我們和你們這些平凡的人的角度向中泰讀者展現出一幅幅中泰友好交流的真實場景。

正如泰學北斗、雲南大學泰國研究中心首席專家段立生教授在序言中所指出的：四川省泰國研究中心與五洲傳播出版社合作出版《中國和泰國的故事》，是一個創舉。它把研究者、作者和出版者有機地聯繫在一起，通過講述「我們和你們」的故事，來展示中國與周邊國家在漫長歷史進程中的傳統友誼，以及當代人民為增進傳統友誼而添磚加瓦的生動故事。

我非常榮幸承擔了本書的主編，從一個個溫暖的故事中感受到中泰友誼的源遠流長與深厚淳樸，也更加領悟到中心投入中泰友好交流工作的偉大使命。在未來的日子裡，四川省泰國研究中心將進一步融入促進中泰人民「民心相通」的出版撰寫、譯介與書評工作當中。

本書特別鳴謝泰國國王陛下顧問、樞密院大臣 Kasem Watanachai（卡盛・瓦塔納差）教授和泰王國駐成都總領事 Phantipha Iamsudha Ekarohit（潘媞葩）女士的大力支持；感謝外交筆會和五洲傳播出版社的信任和支持；感謝我的同事付靜博士和各位作者的無私奉獻；感謝五洲傳播出版社總編輯慈愛民先生、副社長荊孝敏女士和圖書出版中心主任鄭磊先生在前期合作洽談中的積極促進，以及編輯人員的認真負責。非常感謝幫助我們在泰國組稿，並對泰國作者的稿件進行逐一翻譯校對的成都大學外語學院泰國專家、清邁大學語言文化中心主任 Chaphiporn Kiatkachatharn（關國興）先生和泰國皇家理工大學的 Paipan Thanalerdsopit 博士。感謝成都大學外國語學院泰語專業翻譯團隊張倩霞老師、Bupphawan Banruangthong（麥小潔）老師、Narisara Ruengsa（艾新珠）老師、Kornwipa Nachaisin（李娜）老師、唐敏莉老師等。

期待這本由中泰兩國多位作者共同講述的故事集能與中泰讀者產生心靈上的共鳴。

李　萍

四川省泰國研究中心執行主任

一帶一路研究叢刊　AA301010

中國和泰國的故事

作　　者　李　萍
版權策畫　李煥芹
責任編輯　呂玉姍

發 行 人　陳滿銘
總 經 理　梁錦興
總 編 輯　陳滿銘
副總編輯　張晏瑞
編 輯 所　萬卷樓圖書股份有限公司
排　　版　菩薩蠻數位文化有限公司
印　　刷　維中科技有限公司
封面設計　菩薩蠻數位文化有限公司

出　　版　昌明文化有限公司
桃園市龜山區中原街 32 號
電話 (02)23216565
發　　行　萬卷樓圖書股份有限公司
臺北市羅斯福路二段 41 號 6 樓之 3
電話 (02)23216565
傳真 (02)23218698
電郵 SERVICE@WANJUAN.COM.TW
大陸經銷
廈門外圖臺灣書店有限公司
　電郵 JKB188@188.COM

ISBN 978-986-496-461-1
2019 年 3 月初版
定價：新臺幣 420 元

如何購買本書：
1. 轉帳購書，請透過以下帳戶
　合作金庫銀行 古亭分行
　戶名：萬卷樓圖書股份有限公司
　帳號：0877717092596
2. 網路購書，請透過萬卷樓網站
　網址 WWW.WANJUAN.COM.TW
大量購書，請直接聯繫我們，將有專人為您服務。客服：(02)23216565 分機 610

國家圖書館出版品預行編目資料

中國和泰國的故事 / 李萍著. -- 初版. -- 桃園市：昌明文化出版；臺北市：萬卷樓發行, 2019.03
　面；　公分
ISBN 978-986-496-461-1(平裝)

1.中國外交 2.泰國

574.18382　　108003199